JN079497

持続可能な社会と人の暮らし

持続可能な生活研究会 編

Sustainable Development Goals
Sustainable Development Goals
Sustainable Development Goals
Sustainable Development Goals
Sustainable Development Goals
Sustainable Development Goals
Sustainable Development Goals
Sustainable Development Goals
Sustainable Development Goals

建帛社
KENPAKUSHA

は じ め に

　人の暮らしは，産業の発展に伴う大量生産・大量消費などによって，大きく変化し物質的に豊かになった。一方で，環境破壊や資源の枯渇，地球温暖化などの多くの課題を生むとともに，社会の中では貧困や不平等などさまざまな格差が存在しており，地球環境を守りながら人間のニーズを満たしていく持続可能な社会の構築は，国を問わず世界中で取り組む最重要課題の一つと位置付けられている。

　私たち一人一人が当事者として，自分の生活を見つめなおし，持続可能な社会の基盤となる生活のあり方について主体的に考え，行動し続けることができるようにならなければならない。

　本書は，第25期日本学術会議健康・生活科学委員会家政学分科会の全委員で構成する「持続可能な生活研究会」によって刊行するものである。家政学は，総合的な視点で人間の生活の全体を捉え，それらを科学に基づいて探求し，人間がよりよく生きるための実践を行う専門分野であり，家政学分科会ではその専門性に基づいて，個人，家族・家庭生活やコミュニティのウェルビーイングを向上させることが社会の持続可能性を高めるという認識のもとで活動を展開してきた。

　本書は，健康で豊かな生活のために必要な基礎的な知識を再確認し，持続可能な生活を実現する上での課題や対応について考えることができる内容構成としている。高等教育機関の教養・共通科目として「生活」を学ぶ人，社会人，子育て世代の人，高齢者など各ライフステージの人，さらにはそれらの生活者を支える専門家の人たちに，是非手にとっていただきたい。

　まず，第1章では，持続可能な社会の構築という地球規模での動きを確認した上で，生活者の立場から持続可能な社会の実現に向けてどのような課題があるかを検討する。第2章では，生涯発達という視点で人生をとらえ，各ライフ

ステージの課題を明らかにし，主体的な人生設計の在り方について確認する。第3章では，健康を支える重要な要素の一つとして身体活動を取り上げ，第4章では生活の中に潜むリスクとそのマネジメントについて述べる。第5〜10章では，生活する上で不可欠な，生態系サービスや人間関係，時間，情報，金銭（経済）などさまざまな生活資源の視点から生活について考える。第11〜13章では，実際の生活場面である衣食住の視点から，望ましい生活のあり方について提示する。

　この書を読んでくださった皆さんが，よりよい生活を創造し，周囲の人やもの，環境と共生・協働しながら持続可能な社会の実現に向かっていく潮流をつくることができれば，執筆者の一人としてこの上ない喜びである。

　最後に，本書をまとめるにあたり，研究会のメンバー以外からご協力いただいた執筆者の方々，刊行にあたりさまざまなご配慮をいただいた建帛社の方々に心からお礼を申し上げる。

　2023年12月

　　　　　　　　　　　　　　研究会を代表して　杉山久仁子

も く じ

第1章

持続可能な社会と人の生活

　人の生活の営みは自然とともにあり，その影響を受けながら，また働きかけることで自然環境にも影響や変化を与えている。その相互作用のバランスが崩れ，地球の持続可能性が危ういものになっている。人が地球の回復力を超えた負荷をかけた結果生じた「環境問題」を克服し，持続可能な社会を取り戻そうという動きが高まっている。

　こうした動きの中で，生活者の私たちは，現状にある社会の課題を人の生活という視点でとらえ直し，人の生活と自然環境の維持の可能性を求めていくことが重要である。地球で暮らす一人一人の生活が社会の基盤であり，それが積み重なって社会を形成していることを踏まえると，個人の生活における行動が地域や社会を大きく変え，自然環境や社会構造を持続可能なものとすることにつながる。人の生活や自然環境の視点に立った社会の変革が求められている。

　そこで，本章では，まず，人と環境との相互作用について確認し，その後，持続可能な社会の意味，その実現のための社会の動きを理解する。その上で，持続可能な生活の実現に向けて，生活者としての生活の考え方や現在の生活における課題について確認し，考えていこう。

1 人と環境とのかかわり

　人と環境とのかかわりについて考えるところから始めたい。私たちは，生きるために被服をまとい，食べ物を食べ，住まいをつくる。さらに，より安全に，楽しく，おいしく，きれいにありたい等の生活欲求をもって環境とかかわり続けている。

　人を取り巻く「環境」には，自然環境と社会環境がある。自然環境とは，大気や水，土壌，天然資源，動物，植物などによって構成され，人に与えられる環境である。一方，社会環境とは，人が集まって生活や活動をする家庭や地

域，コミュニティなど集団における環境を指し，経済や政治，文化，構成する人の考え方などの影響を受けるが，人の活動によってつくられる環境である。

　社会を構成する人も自然の一部であり，与えられた環境の中で，自然と共存しながら暮らしてきた。しかし，人がさまざまな技術革新を行い，自然に過剰に接触したために，そのバランスが崩れ，地球温暖化や生物多様性の損失などの問題が生じている。人の活動が今日の「環境問題」の原因となっていると断定され，環境負荷の軽減のために人の生活を見直すことが強く求められるようになっている。そのため，「環境問題」は自然環境を対象としていると考えている人が多いかもしれない。

　しかし，地球上に暮らす人の生活は自然環境よりもより身近な社会環境の中でもさまざまな影響を受けている。着るもの，食べるもの，住まうものなど，生活に使う物資は，天然資源をもとにしているが，これらの物資の選択や使用状況は，そこにかかわる人と人との関係や，教育や政治，経済，科学技術などによって影響を受ける。この社会環境をつくっているのは人であり，人の生活や意識，行動によって社会環境は変化する。また，この社会環境の中で行われる生活行動が自然環境に影響を与えている。

　本書では，このような広い視点で「環境」をとらえ，人と環境との相互作用を通じて営まれる生活，その生活を通じて実現される持続可能な社会について考える。

2 「持続可能」という考え方

（1）持続可能な社会とは

　「持続可能」という考え方は，1987（昭和62）年に国際連合（国連）の「環境と開発に関する世界委員会」の最終報告書で示された。報告書の中では「持続可能な開発」として使われており，「将来の世代の要求を満たしながら，現在の世代の要求を満足させるような開発」と定義されている。そして，このような持続可能な開発を実現できる社会が持続可能な社会である。日本では，2006（平成18）年4月に閣議決定された第三次環境基本計画において，「持続可能な社会とは，健全で恵み豊かな環境が地球規模から身近な地域までにわたって保

全されるとともに，それらを通じて国民一人一人が幸せを実感できる生活を享受でき，将来世代にも継承することができる社会」と定義されている。

　生活者の視点からみると，「持続可能な社会」とは，今を生きる人たちが将来の人の生活や，自分以外の人の生活のことも考えながら，よりよい生活を実現し，維持していくことができる社会ととらえることができるだろう。

（2）持続可能な開発目標とは

　国連では，持続可能な開発に向けて1992（平成4）年に「国連環境開発会議」が開催された。そこでは，人口，貧困などの社会的・経済的な課題，大気・森林・気候・水・廃棄物などの環境に関する課題について議論され，「アジェンダ21」という行動計画が策定された。その後も，環境と開発に関する国際的な会議や取り組みが行われた。しかし，資源の枯渇や気候変動の脅威は拡大し，持続可能性への危機感が高まっていった。そこで，政府や企業だけでなく，一般市民，生活者を含む社会全体で持続可能な社会を実現するための具体的な目標がSDGs（Sustainable Development Goals）：持続可能な開発目標として発信された。2015（平成27）年9月の国連サミットで採択された「持続可能な開発のための2030アジェンダ」[1]の中に示されている。SDGsの17の目標を表1-1に示す。「誰一人取り残さない」，「最も遅れているところに第一に手を伸ばす」ことを重視し，すべての国，すべての人々および社会のすべての部分で目標達成を目指している。

　これを受けて，日本の社会でも政府の政策や企業の取り組み等にもこの動きが取り入れられるようになった。人の生活が社会の基盤であることから，人が各自の生活を考えるときにSDGsで示された視点も参考にすることが重要と考える。

3 人の健康で豊かな生活の実現のために

（1）人の健康で豊かな生活の成り立ちと課題

　地球で暮らす生活者として，健康で豊かな生活を保ちつつ，地球の資源を使い果たして終わりを迎えることなく，将来の人に美しい地球を引き継ぐことができるような持続可能な生活を実現したいと考える。そのためには私たちはど

表1-1　持続可能な開発目標（SDGs）（外務省訳）

目標1　貧　困	あらゆる場所あらゆる形態の貧困を終わらせる
目標2　飢　餓	飢餓を終わらせ，食料安全保障及び栄養の改善を実現し，持続可能な農業を促進する
目標3　保　健	あらゆる年齢のすべての人々の健康的な生活を確保し，福祉を促進する
目標4　教　育	すべての人に包摂的かつ公正な質の高い教育を確保し，生涯学習の機会を促進する
目標5　ジェンダー	ジェンダー平等を達成し，すべての女性及び女児のエンパワーメントを行う
目標6　水・衛生	すべての人々の水と衛生の利用可能性と持続可能な管理を確保する
目標7　エネルギー	すべての人々の，安価かつ信頼できる近代的なエネルギーへのアクセスを確保する
目標8　成長・雇用	包摂的かつ持続可能な経済成長及びすべての人々の完全かつ生産的な雇用と働きがいのある人間らしい雇用（ディーセント・ワーク）を促進する
目標9　イノベーション	強靱（レジリエント）なインフラ構築，包摂的かつ持続可能な産業化の促進及びイノベーションの推進を図る
目標10　不平等	国内及び各国家間の不平等を是正する
目標11　都　市	包摂的で安全かつ強靱（レジリエント）で持続可能な都市及び人間居住を実現する
目標12　生産・消費	持続可能な消費生産形態を確保する
目標13　気候変動	気候変動及びその影響を軽減するための緊急対策を講じる
目標14　海洋資源	持続可能な開発のために，海洋・海洋資源を保全し，持続可能な形で利用する
目標15　陸上資源	陸域生態系の保護，回復，持続可能な利用の推進，持続可能な森林の経営，砂漠化への対処ならびに土地の劣化の阻止・回復及び生物多様性の損失を阻止する
目標16　平　和	持続可能な開発のための平和で包摂的な社会を促進し，すべての人々に司法へのアクセスを提供し，あらゆるレベルにおいて効果的で説明責任のある包摂的な制度を構築する
目標17　実施手段	持続可能な開発のための実地手段を強化し，グローバル・パートナーシップを活性化する

のように生活を考え，行動したらよいだろうか。まずは，自分自身のこれまでの生活を振り返り，健康で心も豊かで幸福感を感じる生活を営むことができているのか，身近なところで暮らす人々の状況についてもあわせて確認する必要がある。まず，生活の成り立ちについて確認しよう。

　私たちの生活は，時代や社会状況によっても変化し，個人の生活はライフステージによっても変化する。将来どのような人生を送りたいのかを考え，何に価値を見いだし，どのように自己実現していくのかを考えながら生活するためには，各ライフステージの特徴や課題について理解する必要がある。さらに，生活を維持していくためには人や物とのかかわりが不可欠であり，これを生活資源と呼ぶ。生活を支える生活資源は，農水産物や木材，衣類，医薬品などの生態系サービス，家族や友人などの人，健康，時間，情報，経済（金銭）など多岐にわたる。各ライフステージにおいて目標を達成するために生活資源の中で何を大切にするのか，それは人の価値観によって異なり，個人の状況によっても異なるため，生活資源の管理が重要となる。また，生活資源は，日常の暮らしの中で起こり得るリスクへの対応や回避のためにも重要な役割を果たす。

　私たちは毎日着る，食べる，住むという行為を行っており，それが「衣生活（衣文化）」，「食生活（食文化）」，「住生活（住文化）」として，生活文化やライフスタイルとして伝承されている。長い歴史をもった日本固有の文化における暮らしに特質を見出すことができ，未来につなぐことができれば，より質の高い生活を創造することができるだろう。

　社会が急速に変化したことによって，人の価値観は多様化し，ライフスタイルも多様化している。一方で，人が生きる上で最低限必要な普遍的な価値として，安心，安全，健康，快適，平等，公平，創造などが存在する。一人一人のライフスタイルは異なっていてよいが，自分の生活が環境との相互作用で成り立っていることを意識し，すべての人の生活における価値が尊重されるような生活のあり方を考えていく必要がある。

　次に，普遍的な価値である安心，安全，健康，快適，平等，公平，創造に関し，SDGs に示されている視点を参照しつつ，現在の生活における課題について確認してみよう。

1）公平に関して生じている格差という課題

　人が生きていく上で最低限必要とされる生活水準が満たされない状態を「絶対的貧困」といい，2022（令和4）年の国際貧困ラインは「1日2.15米ドル」とされている。世界では，約6億5千万人が絶対的貧困であり，開発途上国における貧困問題として取り上げられている。日本でも路上で生活するホームレスの人たちはこの貧困に近い状態にあると考えられ，2023（令和5）年で3,065人と報告されている[2]。

　貧困には「相対的貧困」というもう一つの側面がある。同じ国や地域の人の生活水準と比較して困窮した状態をいい，具体的には世帯の所得が，その国の等価可処分所得の中央値の半分（貧困線）に満たない状態を指す。2021（令和3）年時点で，日本の貧困線は127万円であり，このライン以下の世帯の全世帯に対する割合（相対的貧困率）は15.4％である。一方，同年には17歳以下の子どもの貧困率は11.5％と9人に1人が貧困状態にあるとされており，子どもがいる現役世帯（世帯主が18歳以上65歳未満で子どもがいる世帯）のうち，ひとり親世帯の貧困率は44.5％とひとり親家族の約半数が貧困状態にある[3]。先進国の中でも日本の貧困率は高く，貧富の格差が大きいことを示している。子どもの貧困は，社会的排除や，心身の発達への悪影響など，深刻な問題が指摘されており，個人の解決に任せるのではなく，社会で取り組んでいくべき課題となっている。

2）平等に関して生じている課題

　日本社会において最も課題が大きいとされているものの一つが，ジェンダー平等である。世界経済フォーラムによるジェンダー・ギャップ指数（p.69参照）が調査国146か国中125位であることからもわかるように，日本社会はジェンダー平等という視点から課題が多い。特に経済，政治への女性の参画は低い水準にある（表1-2）。

　また，就業率を男女別にみると，女性の就

表1-2　日本のジェンダー・ギャップ指数

分　野	スコア	順位/146か国
経　済	0.561	123位
教　育	0.997	47位
健　康	0.973	59位
政　治	0.057	138位
総　合	0.647	125位

出典）世界経済フォーラム：ジェンダー・ギャップ指数. 2023年のデータから筆者作成.

表1-3　男女の就業率と非正規雇用割合の比較

年　齢	項　目	女　性		男　性	
		2002年	2022年	2002年	2022年
25〜34歳	就業率（％）	61.2	81.4	90.1	91.3
	非正規雇用割合（％）	36.7	31.4	9.4	14.3
35〜44歳	就業率（％）	63.0	78.4	93.6	93.8
	非正規雇用割合（％）	52.6	48.4	5.6	9.3
45〜54歳	就業率（％）	67.3	79.8	92.5	93.2
	非正規雇用割合（％）	54.7	54.9	7.4	8.6

出典）内閣府：令和5年版男女共同参画白書のデータから筆者作成.

業率は20年前に比べ増加しているが，男性に比較すると低く，年齢が高いほど
その差が大きい。さらに女性は，非正規雇用の割合が男性よりも高く，年齢が
高いほどその割合が増えている（表1-3）。

　これらの背景にある要因の一つに，固定的な男女の性別役割分業意識があ
る。男女雇用機会均等法（正式法律名：雇用の分野における男女の均等な機会及び
待遇の確保等に関する法律）や男女共同参画社会基本法が施行され，制度的には
男女の格差を解消する取り組みが行われきた。それにもかかわらず，固定的な
性別役割分業意識がいまだに個人や家庭の私的領域のみならず企業や職場環
境，制度などの公的領域にも根強く残り，女性の社会での活躍，男性の家庭や
地域での活躍を阻害する要因につながっている。

　無報酬の育児・介護や家事労働の状況においても課題が多い。日本の子ども
をもつ夫婦の1日の時間の使い方を諸外国と比較すると，男性の有償労働時間
が極端に長く，無償労働時間が短いことが指摘されて久しい。これを解消し
て，男性の育児・家事参加を保障するには，無償労働の認識・評価を社会とし
て進めていくことが必要だろう。このことによって，日本人女性に特有のＭ
字型就労*1や介護離職等も解消されていくはずである。

3）健康に関して生じている課題

　国連による推定では，世界には，栄養不足で生命が脅かされている状態（飢餓）の人が，6億9,100万～7億8,300万人（2022年）いるとされている。日本にも割合からみればわずかではあるが「飢餓」は存在する。人口動態調査（厚生労働省）によると，食糧不足を原因とする死亡者数は2021（令和3）年で16人と報告されている。一方，世界価値観調査によると，日本で飢餓を経験したことのある人の割合は，2010（平成22）年の4.9％から2019（令和元）年には9.1％に増加し，国民の1割弱が飢餓を経験したことがあると報告されている[4]。

　食品の選択と所得との関係を調べた調査によると，低所得層では食品を選択する際に「栄養価」を重視する割合が低く，偏った栄養バランスの食生活が健康に与える影響が懸念されている。

　また，日本では若年女性の「やせ」が問題になっている。先進国の中でも日本は成人女性のやせの割合が高い。やせは本人の健康はもとより，次世代の子どもの健康にも影響を及ぼす。出生数に占める低出生体重児（出生体重2,500g未満）の割合も先進諸国の中で高く，母親のダイエット志向が乳児に与える影響が懸念されている。

　高齢者の状況について確認してみると，日本は世界でもトップレベルの長寿国であり，平均寿命は男性81.05年，女性87.09年（厚生労働省「簡易生命表」2022年）であり，65歳以上の高齢者が総人口の約3割に達している。一方，健康上の問題で日常生活が制限されることなく生活できる期間を示す健康寿命は，厚生労働省によれば，2019年で男性72.68歳，女性75.38歳となっており，平均寿命との差，つまり日常生活に制限のある期間が8～12年となっている。個人の生活の質の低下を防ぐためや，社会保障の負担を軽減するためにも，健康寿命の延伸が日本にとって重要な課題である。

＊1　M字型就労：日本女性の労働力率（15歳以上人口に占める労働力人口（就業者＋完全失業者）の割合）を年齢階級別でグラフ化した場合，結婚・出産時期に当たる年代で一度仕事から離れ，その後仕事復帰することから，アルファベットの「M」のようにくぼみができるという就労状況を示したもの。

　日常生活や就労に影響を及ぼす生活習慣病の患者数は，人口100人当たり，がん2.9人，糖尿病4.6人，高血圧性疾患12.0人，心疾患2.4人，脳血管疾患1.4人（2023年）[5]となっており，有病率は年齢が上がるほど高くなっている。働いている人の3人に1人は何らかの病気を抱え，治療しながら仕事をしているともいわれている。生活習慣病の予防と改善のために，栄養・食生活，身体活動・運動，休養等の適切な生活習慣を実践できるようにすることが重要課題である。

4）安心，安全に関して生じている課題

　人口構造の変化，ライフスタイルや家族の変化に伴って，安心，安全なまちづくりにおいてさまざまな課題が顕著になっている。第一には，超高齢社会・長寿時代に対応して，心身の状況が変化しても住み続けられるまちづくりへの課題である。交通の安全性を改善するために，公共交通機関におけるバリアフリー化が2000（平成12）年以降進められている。2022（令和4）年時点で，旅客施設における段差の解消や障害者用トイレの設置は90％以上，案内設備の設置は76.9％，視覚障害者誘導用ブロックの設置は42.8％という状況である[6]。物理的な環境整備をさらに進めるとともに，高齢者や障害者等の「バリア」を理解し，その人の立場になって行動を起こすこと，すなわち，心理的，社会的なバリアの解消が求められている。

　第二には，災害に強いまちづくりに関する課題である。近年，日本では地震に加えて豪雨など異常気象による災害が増えている。災害に強いまちづくりとして，住宅の耐震化や不燃化，河川やダムの決壊を防ぐための整備，救急車や消防車が通行しやすい道路の整備，防災貯水槽などの整備が進められている。しかし，実際に災害が起きた場合には，地域の人々が助け合える（共助）関係ができていることが重要であり，日常において地域での交流を築くことが重要課題となっている。

　第三は居場所つくりに関する課題である。近年，ライフスタイルの個人化，家族の変化，ひとり暮らしの増加等さまざまな変化によって，人々の孤立・孤独が社会問題になっている。また，コロナ禍を経て，私たちの生活に占める地域コミュニティの重要性が増している。仕事場，学校，家庭の他にもう一つの

居場所をつくること，人と人の関係をつなぐ上でかつて地域社会が果たしていたような役割を，現代社会にもう一度取り戻すために，意識的なネットワークづくり，人同士を出会わせるような空間の設計が課題となっている。

　人の生活環境を脅かす問題として地球温暖化があげられる。「人間の影響が大気，海洋及び陸域を温暖化させてきたことには疑う余地がない」と2021（令和3）年に気候変動に関する政府間パネルが報告[7]しているように，地球温暖化の原因は私たちの暮らしにある。同報告ではさらに，世界の平均気温は，温室効果ガスの大量排出が始まった産業革命前に比べ1.09℃上昇している。何の対策も取らなければ21世紀末には4.4℃上昇し，21世紀後半に主な温室効果ガスの二酸化炭素（CO_2）排出量を実質ゼロ（排出量と森林などによる吸収量がバランスする）にしたとしても，1.8℃上昇すると予測されている。気温の上昇は，海水温の上昇にもつながり，北極海の海氷面積は減少している。さらに，異常気象によって豪雨などによる災害が頻繁に起こり，干ばつ化が進み，森林火災が生じやすくなる。生態系も影響を受け動植物の分布域が変化し，人にとっては熱中症のリスクが増加している。

　日本におけるエネルギー消費によって生じる CO_2 の内訳をみてみると，住宅内で消費されるエネルギー（家庭部門）による排出量は社会全体の約17％を占めている（表1-4）。現在日本政府が設定している2030年までの排出量削減目標は他の部門よりも多く66％とされている。家庭で使われるエネルギーの約7割は電気であることが報告されており，エアコン，テレビ，照明等の家電製品や給湯の使用に伴う排出削減対策を行うことが急務となっている。

表1-4　日本のエネルギー消費によって生じる二酸化炭素（CO_2）の排出量（部門別・億トン）

部　門	2013年 排出実績	2030年 目標値	削減率
産　業	4.63	2.89	38％
業務その他	2.38	1.16	51％
家　庭	2.08	0.70	66％
運　輸	2.24	1.46	35％
エネルギー転換	1.06	0.56	47％
合　計	12.35	6.77	45％

出典）環境省：地球温暖化対策計画概要，2021.
　　　のデータから筆者作成.

5）公平，安全，安心に関して生じている課題

　国連の報告では，世界の人口は2023年に80億人に到達し，2050年には97億人まで増加すると予測されている。私たちは地球における資源（生態系サービス）を利用して活動しているが，生活者のライフスタイル，日常生活のあり様によって，物の「使い方」は大きく変化する。これまで日常生活を送る上で，多くのものを生産・消費し，最終的には多くのものを廃棄してきた。先進国では物があふれ，開発途上国では物が不足するという不均衡が問題になっている。さらに，物資の廃棄にはエネルギーを消費し，CO_2を排出することから，地球温暖化への影響も問題になっている。

　限りある地球の資源を守るために，生産と消費のバランスを考えて行動することが大切であり，具体的にはまだ食べられる食品を廃棄する食品ロスの削減，化学物質や廃棄物の削減，衣類などまだ使えるものの廃棄を削減するための3R（リデュース，リユース，リサイクル）の推進等に取り組むこと，消費者として必要な量だけ入手し，できるだけ長く大切に使用し，廃棄量を減らすことなど，地球にやさしい行動が必要とされている。

　日本人の日頃の買物や生活における環境問題や社会問題の解決のための実践度を調査した結果がある[8]。「エコバックを使用する」（87.6％），「食品ロスを減らす」（75.7％），「まだ着られる衣服を廃棄せずに活用する」（64.8％）などは実践度が比較的高い。一方で，人や社会，環境に配慮した消費行動であるエシカル消費について興味がある人は約50％であったが，「環境負荷や原材料の持続可能な調達に配慮した食品・商品を選択する」（28.0％），「フェアトレード商品を選択する」（14.5％）などと，エシカル消費の実践度は非常に低く課題がある。欧米諸国と比べてもかなり消極的な状況である。

　日本では，自分たちの生活を支える資源の多くを海外に依存していることも忘れてはいけない。表1-5はエネルギーおよび衣食住の生活に関連する資源の対外依存度の一例である。自分たちが使用する資源がどのような場所でどのようにして生産されているのかを意識しつつ，資源を大切に活用するよう心がけることが重要である。

表1-5　日本における主な資源の対外依存度

分　野	資　源	対外依存度	分　野	資　源	対外依存度
エネルギー	原　油	99.7 %	食	とうもろこし（飼料）	100 %
	天然ガス	97.8		大　豆	94
	LP ガス	74.2		魚介類	48
衣	羊　毛	100	住	肉　類	48
	綿　花	100		天然ゴム	100
	衣　類	97.9		木　材	66.6

出典）日本海事センター：SHIPPING　NOW　2022-2023，p.24のデータから筆者作成.

（2）持続可能な生活の創造に向けて

　私たち一人一人が，自らの望ましい未来として持続可能な社会を具体的に構想し，社会を持続可能なものにしていく方向に価値観やライフスタイルを形成し，よりよい環境をつくりだすという意思をもって社会に参画していくことが必要である。そのためには，自分たちが営む生活というものをさまざまな視点から総合的に理解し，よりよい方向につくっていくことから始めよう。地球上のすべての人が心身および社会的に健康で，幸福を感じ，充実したよりよい生活を継続していくことができる状態「ウェルビーイング」を達成できるよう，希望をもって一緒に取り組むことが，社会を変えていくことになるだろう。

引用・参考文献

1 ）外務省：第70回国連総会我々の世界を変革する：持続可能な開発のためのアジェンダ．https://www.mofa.go.jp/mofaj/gaiko/oda/pdf/ 000101402_2.pdf（2023年 9 月29日）
2 ）厚生労働省：ホームレスの実態に関する全国調査（概数調査）について．https://www.mhlw.go.jp/stf/newpage_32790.html（2023年 9 月29日）
3 ）厚生労働省：2022（令和 4 ）年国民生活基礎調査の概況．https://www.mhlw.go.jp/toukei/saikin/hw/k-tyosa/k-tyosa22/dl/14.pdf（2023年 9 月29日）

4) Warld Values Survey Association, World Values Survey.
https://www.worldvaluessuvey.org/WVSOnline.jsp（2023年 9 月29日）

5) 厚生労働省：令和 5 年版厚生労働白書―つながり・支え合いのある地域共生社
会―（100人でみた日本）. https://www.mhlw.go.jp/wp/hakusyo/kousei/22-3
/dl/01.pdf（2023年 9 月29日）

6) 国土交通省：令和 3 年度移動などの円滑化に関する実績の集計結果概要.
https://www.mlit.go.jp/report/press/sogo09_hh_000349.html
（2023年 9 月29日）

7) 気象庁ホームページ：IPCC 第 6 次評価報告書.
https://www.data.jma.go.jp/cpdinfo/ipcc/ar6/index.html（2023年 9 月29日）

8) 消費者庁：令和 3 年度消費者意識基本調査.
https://www.caa.go.jp/policies/policy/consumer_research/research_report/
survey_002/assets/survey_002_220607_0005.pdf（2023年 9 月29日）

コラム　家政学と持続可能な社会とのかかわり

　家政学は，家庭生活を中心とした人間生活における人と環境との相互作用について，人的・物的両面から，自然・社会・人文の諸科学を基盤として研究し，生活の向上とともに人類の福祉に貢献する実践的総合科学とされている（日本家政学会編家政学将来構想，光生館，1984）。人間生活と環境との相互作用を研究対象とする家政学においては，SDGs が発表される前から持続可能な生活のあり方に関する研究を続けてきた。国際家政学会は，2016（平成28）年と2019（令和元）年に国連の SDGs の目標（p.4，表1-1参照）1，2，3，5，6，12についてのポジション・ステートメントを，日本家政学会は，2023（令和 5 ）年に SDGs と日本の家政学との関連，これまでの取り組み，さらに目標 3，5，11，12を例に具体的な成果と課題を公表している。

　一方，家政学を基礎学問とする「家庭科」は，よりよい生活の実現に向けて生活を工夫し創造する資質・能力の育成を目指す教科である。現在の学習指導要領（平成29年・平成30年告示）から，家庭科の見方・考え方の視点として，「協力・協働」「健康・快適・安全」「生活文化の継承・創造」「持続可能な社会の構築」が示されている。

　（参考）日本家政学会の SDGs ポジション・ステートメント（2023年 5 月）.
　　https://www.jshe.jp/oshirase/20230623_SDGs.pdf（2023年 9 月29日）

第2章 「人生100年時代」の生活のマネジメント

　本章では，人間の生涯を発達という観点から理解する。各ライフステージの課題を検討し，誰もが自分らしい人生をおくるために，人生設計，生活資源の点検や開発をしながら，一人一人が主体的に選択肢の中から最適な選択をしつつ，ライフステージを充実させていくことについて考える。「人生100年時代」の生涯発達とそれを支えるしくみについても理解できるようにする。

1 生涯発達をとげるために

　これまであなたはどのような経験をしてきただろうか。心身の状態，能力，スキル，家庭や社会での役割や責任も大きく変化したはずだ。そしてあなたはこれからも変化し続け，人の発達は生涯にわたって展開される。

　このような人間の一生にみられる変化は，成長という言葉で言い表されるような，上に伸びていく，高まっていくといった，主に人生の前半までの右肩上がりの変化のみではない。以前していたことをしなくなる，できなくなる変化も含めて人間が自分の可能性に向かって自己を完成し続ける過程のすべてを生涯発達という[1]。ライフステージを進む過程で多次元的で多方向に生じる変化を，発達という見方で包括するインクルーシブな視点で人間の一生をとらえることを意味している。

　病気の人，障害のある人，高齢者も，当然，自分の可能性に向かっていく生涯発達の過程にいる人たちである。自分の生涯発達を可能な限り豊かに充実させると同時に，まわりの人を同じように生涯発達している存在として尊重するという態度が基本になる。

　生涯発達の原動力となるのは，進んでまわりの環境に働きかけ，相互作用を行う生活の主体性である。生活の主人公であるあなたは，受け身な姿勢で変化を待っているのではなく，意識的に生活を営むという視点から，自分の状態を

知り，経験を積み重ねること，たくさんの人たちとのかかわりが人生をつくっていく。

　まわりの人たちは，毎日の生活の中で意思決定はできているか，その前提となる選択肢や情報は十分に得られているか，そもそも意思が尊重されにくい人，意思を問われにくい人はいないだろうか，そのようなことを問いながら，視野を広げ，社会のしくみへの関心を高めていこう。それは，みんなの生涯発達のために必要なもの・ことを協働で創り出そうという意欲の源泉になる。そして，自分で何でもできる強い人を前提とした自立に対する考え方を変容させる。自立とはケアし合う関係性の中で互いの違いを認め合いながら実現していくもの，というように自立観も転換されるはずである。

2　各ライフステージにおける課題とニーズ

　生涯発達を遂げていく過程には，誰にも共通する発達段階（ライフステージ）がある。乳幼児期，児童期，青年期，成人期，高齢期とライフステージを進んでいく中で，私たちは乗り越えていくことを期待される課題に出会い続ける。発達の段階で同じライフステージをたどるという意味では誰にも共通であるが，その中身は一人一人異なる。期待されるライフステージに，そのステージの課題が乗り越えられなかった場合には再挑戦，やり直しをすることももちろん可能である。

　ライフステージは独立して存在するのではなく，前のステージのあり様が次のライフステージを生み出し支える。今をどう生きるかは，これからのあなたの人生に大きな影響を与えることになる。生涯を通して健康的な生活を手に入れるには，幼年期からの生活習慣，予防知識や技術の獲得，青年期，成人期以降も正しい情報を得て行動変容し続けることが欠かせない。そして，その人がつくり上げた健康的な生活は次の世代へと継承されるという側面も重要である。

　表2-1に，各ライフステージにおける発達課題と心身の特徴を示した。

　乳幼児期（出生～小学校入学まで），児童期（小学校入学～卒業まで）は生活基盤を形成し，まわりの人たちとの基本的信頼関係を築く時期である。特に，人間は他の哺乳類と比べて自力で生きていくことができない時期が著しく長期に

表2-1　各ライフステージの課題とニーズ

乳幼児期	児童期	青年期	成人・社会人初期
●歩行の学習 ●話すことの学習 ●基本的生活習慣の確立 ●善悪の区別 ●親やきょうだいなど身近な人との基本的信頼関係の形成	●身体および精神機能の発達 ●親やまわりの大人からの健康的生活への働きかけ ●同世代価値観の形成 ●家族・地域コミュニティの一員として参加	●身体的・精神的転換期 ●経済的な独立，職業選択，結婚と家庭生活の準備 ●社会参加 ●健康的なライフスタイル，運動習慣の獲得 ●疾病予防知識や技術の獲得	●職業に就くこと ●大人としての市民的知識・技術の獲得 ●生活的自立の達成 ●健康的なライフスタイル，運動習慣の充実
子育て期・成人前期	成人後期（壮年期）	プレ高齢期	高齢期（75歳以上）
●子育て役割の発見と充実 ●パートナーシップの形成 ●身体機能の充実 ●健康的なライフスタイルをさらに充実させる行動変容	●中年期の身体的・精神的変化の受容と適応 ●健康的なライフスタイル，疾病予防への具体的な行動変容 ●地域などでの役割再発見	●病気・障害のない生活 ●QOLの向上 ●高齢期への準備	●QOLの向上 ●引退と収入の減少への適応 ●支え合う関係性の構築 ●医療，介護に関する情報獲得，リスクマネジメント

出典）ハヴィガースト，R.J.著，荘司雅子監訳：人間の発達課題と教育，玉川大学出版部，1995．および厚生労働省：健康日本21（第一次），2000．をもとに筆者作成．

わたり，多くの発達過程が出生後に社会文化的環境において行われなければならないという特徴をもっている[2]。内に秘めた可能性を豊かに広げるために，親やまわりの大人からの適切な働きかけが重要である。

　続く青年期（中学校〜20歳代後半）は大人に向かって身体的・精神的に転換する時期であり，健康的なライフスタイル，運動習慣，疾病予防知識や技術の獲得等，その後の人生にとって重要な知識やスキルを習慣として内面化する時期でもある。また，わが国の成人年齢の18歳への引き下げとともに，早い段階から社会人としてふさわしい生活的・社会的成熟を身につけることも課題となる。

　成人・社会人初期（20～30歳代）は，ひとり暮らしを始めるなど親から独立した生活をすることが増える時期である。生活する力を実践的に学ぶ，職業に就くこと，大人としての市民的知識や技術の獲得，健康的なライフスタイル，運動習慣の充実が課題である。続く子育て期・成人前期（30～40歳代）は，身体的にも精神面でも役割の面でも大きな変化を伴うライフステージである。ここでの課題は，子育て役割の発見と充実，固定的性別役割分業を超えたパートナーシップの形成，子育てと仕事との両立（ワーク・ライフ・バランス），男性も女性も生活の自立力を獲得すること，身体機能の充実，健康的なライフスタイルをさらに充実させる行動変容が課題となる。続く成人期の後半（壮年期）（40～50歳代）は，中年期の身体的・精神的変化の受容と適応，健康的なライフスタイル，疾病予防への具体的な行動変容，地域などでの役割再発見等，人生の再構築も課題となる。

　そして，高齢期を迎える。高齢期をもつことは人間の特徴であり，そこをうまく生かすことが人間社会の豊さにかかわって重要であるという指摘があるように[3]，このステージの生活は，長寿時代を迎えた今日，なお一層重要性を増しており，できるだけ自立し，社会の支え手になることができるような高齢期のあり方は社会の行方を左右する鍵である。

　プレ高齢期（60～70歳代前半）は，病気・障害のない生活，QOL（quality of life；生活の質）の向上，特に，ひとり暮らしが増加するこの時期には，家族の有無にかかわらず一人一人が健康を保ち，社会に立ち位置を築き，まわりとよい関係性をつくりながら生きがいをもって生涯をまっとうすることが課題である。そのために，青年期，成人期を通じて獲得してきた知識・スキルを強化しつつ生活を再編成することが重要である。続く高齢期（70歳代後半以降）は，加齢変化が顕著になる人の割合が高まる時期である。心身の状態，経済状況の変化も大きく，自立的な生活を維持することが困難な状態が生じやすい。それを避け，自立的な生活をできるだけ伸ばすために，QOLの向上，引退と収入の減少への適応，まわりの人との支え合う関係性の構築などが課題となる。また，医療や介護についての情報獲得，リスクへの備えも重要な課題である。

3 生活のマネジメント

（1）生 活 と は

　生活とは何か？　あまりに日常的なことなので，あらためてこう問われると困るかもしれない。生活とは，社会的な存在としての人間が，自分を取り巻く環境や一定の状況のもとで，生活資源を用いて生活欲求を満足させ，生活価値を実現するための連続した行為である[4]。生活価値とは，どのような社会に生きていたいか，どのような生活をしたいかという生活主体の意識であり，他の動物の生活が生命維持にかかわることがらで占められているのに対して，人間の場合はより高い精神活動の要素を含んでおり，生活価値をもって生きることはまさに人間らしい行為であるといえる[5]。そして，生活の価値の実現を目指す上で有用な要素の総称が生活資源である。さまざまな生活資源は，健康，知識，経験などの自分自身にかかわる資源，友人，家族などの人間関係資源，収入，資産などの経済的生活資源，情報，モノ・サービス，時間，また，制度，施策，社会サービス等を含めた社会的生活資源のように類型化される。

（2）生活のマネジメント

　このように私たちは生活資源をうまく使いながら，こうしたい，こうなりたいという生活価値の実現に向かっているわけであるが，具体的な生活目標は複数あり，それを達成するための手段も複数あるので，生活には常に選択が伴う。また，現在の生活だけでなく将来の生活に関する選択課題も生じる。それらを総合的に調整し，資源を適切に配分して望ましい生活を実現する行為が生活のマネジメントである。

　生活マネジメントの最小の担い手は個人（生活者）であり，単独で生活している場合でも，複数の集団（通常は家族）で生活している場合でも，個々人は何らかの目標を実現するために意図的な生活マネジメントをしている。個人の集合体としての家族も生活マネジメントの担い手である。

　生活をうまく営むことは，さまざまな役割をもって生きる人間の，複数の役割間での価値の調整や合意形成を行い，価値の対立や抗争のない状態をつくることである。例えば，私たちは生活に必要なものを手に入れるために働き，モ

ノ・サービスを生産し，その結果として収入を得て，そのお金で必要なモノ・サービスを購入している。どのように働き，どのくらいの収入を得て，それをどのように配分するかという収入と支出のマネジメントは，その人が生活活動と生産活動にどのくらいのエネルギーと時間を費やすかというエネルギーと時間のマネジメント，具体的にはワーク・ライフ・バランスともかかわり，個人としての意志決定，あるいは，かかわる人たちの間の価値の調整や合意形成が必要な課題である。男女間での生活時間や役割分担の見直し，子どもや高齢者などのケアに配慮したワーク・ライフ・バランスのあり方などは，かかわる人の合意と協力が必要であり，パートナー，家族，地域の人たちとの人間関係をどのようにつくりあげるかという人間関係のマネジメントの課題でもある。

　個々人が自分の価値観に基づいて望ましい生活の実現を目指す生活マネジメントは，他の人の価値実現に対しても配慮深く行われるはずである。私たちは生きている限りよりよい生活を追求し，その成果は自分の生き生きした生涯として具現化する。

（3）生活設計（ライフデザイン）

　ライフステージごとの課題では，進学，就職，成人，結婚などの個人的出来事を中心に，予測可能な，そして肯定的なイベントを主に検討してきたが，私たちが経験するものの中には，自然災害などの社会的・歴史的出来事や予測不可能なものもある。それらをどのように経験するかはその後の人生に大きな影響を及ぼす。多様な経験をできるだけポジティブなものにしていくには，問題が起こったときに初めてそのことに向き合うというのではなく，知って，備えることが大事である。そのためには，健康的な生活を維持し，充実した人生をおくるために必要な知識・技能の習得を，個人がプランニングして備える生活設計（ライフデザイン）が重要になる。

　あなたにはこれから到達したい多くの目標があるだろう。その目標に向かって自分の行動指針をつくることを生活設計という。例えば，「働く」という大きな人生の目標を達成するためには，今からどのように行動したらよいだろうか。自分の就きたい仕事についてできるだけ多くの情報を集め，そのことについてよく知ること，そして，その仕事が自分のやりたいことだと信じられた

ら，そこに到達するためのより細かないくつもの計画を立てて，そこに向かっていく。生活設計とは，どのような仕事に就くか，どのような目的で働くか等，仕事を中心にして人生をどう生きていくかということだけではなく，結婚，家庭，地域，趣味，どのように社会に貢献するか等を含む，人生を可能な限り豊かに充実させるためにライフステージを見通す視点をもって積み上げていく人生の設計である。

　このように積み重ねられる生活の営みは，社会全体の動向にも影響を与えていく。私たちの毎日の行動は，新しいライフスタイルや生活文化，コミュニティを形成していくことを通じて社会のあり様に大きな影響を与えている。

（4）生活資源の点検と開発

　人生の過程で誰でもさまざまな心身の状態，家族状況，経済的な変化を経験する。健康的な身体を維持するために人生の折々に，生命・生活・人生の総合的な生の状態を知る人生の健康診断が必要であるように[4]，人生の途中で生活資源を点検し，不足している資源を補うために新しい生活資源を発見したり，不足しているものをつくりだす等，生活資源を開発し続けることが重要である。

　特に，人生を豊かに生きるために無形資産の重要性が指摘されている[6]。表2-2に無形資産を示した。これらは，人生を積み重ねる中で豊かになっていくも

表2-2　「人生100年時代」に重要な無形資産

生産性資産
仕事の生産性を高めキャリアの見通しを向上させる
・教育や実践を通じて身につけたスキルと知識 ・価値をチームとして生みだすことのできる仲間 ・好ましい評判
活力資産
肉体的・精神的健康と心理的幸福感の源泉
・健康的な生活習慣 ・ストレスを軽減するバランスのとれた生活 ・支えと安らぎを与えてくれる友人関係 ・パートナーや家族との良好な関係
変身資産
人生の移行期の不確実性を減らす
・アイデンティティをつくり上げる自分についての知識 ・自分の視点を変えるのに役立つ多様なネットワーク ・既存の行動パターンを壊し新しい経験を前向きに生きる姿勢

出典）グラットン，L.，スコット，A. 著，池村千秋訳：LIFE SHIFT 100年時代の人生戦略，東洋経済新報社，2016，pp.126-168. を参考に筆者作成.

のであり，より創造的に，意識的に開発していくことが求められている。

4 「人生100年時代」を生きる

（1）「人生100年時代」とはどういう時代か

　このような生活マネジメントに大きな影響をもたらしているのが，人口の高齢化・長寿化という現象である。私たちは高齢化の最先進国に生きている。戦後まもない1947（昭和22）年の日本人の平均寿命は男性50.06歳，女性53.96歳，人口に占める65歳以上の高齢者の割合（高齢化率）は4.9％にすぎなかった。その後，20世紀後半には平均寿命の30年延長という驚異的な「寿命革命」を達成した。2022（令和4）年の平均寿命は男性81.05歳，女性87.09歳（厚生労働省「簡易生命表」2022年），高齢化率も29％を超えている。老年人口（65歳以上）は年少人口（1〜14歳）をはるかに上回り，日本はいまだ世界のどの国も経験したことのないような人口構成の社会に突入している。百寿者（センティネリアン）と呼ばれる100歳以上の高齢者も増加している。2022年には9万526人（うち88.6％が女性），2050年には53万2千人，200人に1人は100歳以上という予測である[7]。この間，「健康上の問題で日常生活が制限されることなく生活できる期間」とされる健康寿命[8]も延伸し，人生の長さだけではなく高齢期の生活の質も向上した。

　しかし，「人生100年時代」の到来が意味することは，長寿化，人口の高齢化だけではない。「もはや昭和ではない」[9]といわれるように人生100年時代は，第二次世界大戦前の「人生50年時代」から高度経済成長期の「人生70年時代」を経て，そこまでに出来上がった生活モデルや社会のしくみの根本的な見直しを迫る新しい社会である（表2-3）。

　表2-3に示すように，第一次産業，第二次産業から第三次産業へと人々の就業構造は大きく変化した。1960年代から1990年代にかけて生活単位の典型とされた夫婦と子どもで構成される核家族世帯は減少し，単独世帯が増加している。結婚に関する態度も多様化し，シングルの人も増加している。合計特殊出生率は人口置換水準（2019（令和元）年は2.07）をはるかに下回っている。これまで多くの人が前提としてきたモデル的な生き方は消滅し，お手本のない時代

表2-3　「人生50年時代」から「人生100年時代」の指標の変化

		1930年	1960年	1990年	2020年
産業別就業者割合（%）	一次	49.7	32.7	7.1	3.3
	二次	20.3	29.1	33.3	23.4
	三次	29.8	38.2	59.0	73.4
平均寿命（年）	男	44.87	65.32	75.92	81.56
	女	46.54	70.19	81.90	87.71
75歳までの生存率（%）	男	14.81	36.12	63.04	76.03
	女	22.10	51.47	79.85	88.18
合計特殊出生率		—	2.00	1.54	1.33
50歳時未婚率（%）	男	1.68	1.26	5.57	28.25
	女	1.38	1.88	4.33	17.81
夫婦子ども世帯（%）		—	38.2	37.3	25.0
ひとり暮らし世帯（%）		—	16.1	23.1	38.1

出典）国立社会保障・人口問題研究所：人口統計資料集，各年版．より筆者作成．

を私たちは生きていることになる。

　このようにライフスタイルそのものが多様化し，さらに，人生の長期化に伴って心身状況を含めて多様な経験をするこの時代において，誰でも安心して希望のある生活を築くためには，一人一人が生活力を高めること，そして，その力をもって，まわりの人の自立を応援しながら，いかなる状態にある人も生活の主体でいられるような人間関係，生活のしくみをつくっていくことの必要性はますます大きい。

　このような社会背景のもとで，人間が備えるべき基本的なスキルにも見直しが迫られている。「小・中・高等学校において，長寿時代を生き抜く人生設計力を養い，長寿社会を支える基盤的な力を養うことが重要である」[10]，「人生100年時代において人々は『教育・仕事・老後』という単線型の人生ではなく，マルチステージの人生を送ることになる。100年という長い期間を充実させる

には誰もが長期的な視点で人生を充実させていけるように生涯にわたる学習が重要である」[11] とあるように，主体的に自らの人生をつくる力がこれまで以上に求められている。

（2）「人生100年時代」の生活保障

どのライフステージにおいても自立的に安定した暮らしの環境を整え，リスクに対応することは，私たち一人一人が備えていくことではあるが，人生100年時代の生活は，個人の自覚や家族の助け合いによる自助だけでは成り立たない。長い人生の過程では，自助では乗り越え難いさまざまなリスクに遭遇する。それに備えるには，生活保障という援助システムが必要である。

生活保障の基盤にあるのが公助としての社会保障制度である。日本国憲法第25条に規定される「生存権」にのっとって，すべての人に健康で文化的で安心できる生活を保障することを目的として，社会全体で互いに支え合うという考え方のもとで整備されてきた。社会保障制度は，税金と社会保険料などをもとに運営される再分配のしくみであり，主な柱に，社会保険，公的扶助，社会福祉，公衆衛生がある。

一方，生活保障のしくみには，他の人たちとの協働的な関係（互助・共助）も欠かせない。互助・共助には，近隣関係，友人関係などのインフォーマルな助け合いと，ボランタリィな組織やセルフヘルプグループといった社会的に組織化されたものとがある。これからの社会をより豊かにしていくためには，この世界をどれだけ広げていけるかにかかっている。一人一人が人間らしい生活を営み，それが全体としてみても持続可能であるためには，それを可能にする環境を整備することが重要となる。

多くの世代・多様な人たちの参画が必要である。すべての世代の人が安心して暮らせる社会環境をつくるために，共に超高齢社会を生きる一員として積極的に知恵や労力を出し合い，地域の人々と協働し支え合う共助の関係性が広がっている。

生涯にわたって安定性のある生活は，自助・互助・共助・公助の適切な組み合わせの上に成り立つ。私たちが自分の力を高め，まわりの人たちと協働する関係性を広げていくには，信頼できる公助の提供するインフラが必要であり，

それを前提として私たちの生涯にわたる主体性が発揮できる。

5　持続可能な生活の創造へ

　ここまでみてきたような社会変化の中で，私たちはさまざまな豊かさを手に入れてきた。一方で，年齢，性別，家族状況，就業形態等によって生活に格差が生じており，立場やライフスタイルの違いを超えて理解し合うことが難しい状況も生まれている。戦後家族モデルを前提にした制度も，現実の生活の多様性に対応できず，機能不全に陥っている。このような現状をとらえ，将来世代をも含んだ長期的な視点をもち，個別の利害を超えて価値の調整を行い，人間の最善の利益，幸福の保障，人間の主体性，自発性，多様性が尊重される持続可能性の実現に向かう生活マネジメントが求められている。

　格差，社会的排除，子どもの相対的貧困率の高さ，ジェンダー・ギャップ指数（p.6, p.69参照）に象徴されるジェンダーの問題等々，克服しなければならない課題が山積している。日本の青少年は世界の若者と比べると自尊感情や自己肯定感が低く自分の行動で社会を変えることができると考える人の割合が低いこと[11]，また，環境に関する調査から，自分の行為によって社会を変えられるという感覚をもっている若者が他の国に比べて少ない[12]等の指摘があるように，変革を担う世代のエンパワーも課題である。

　このような時代にあって，ここから私たちが始めることは，生活の価値をより具体的にしていきながら，それを生活の側から社会全体へと広げて人間としての豊かさを確実に手に入れることだろう。一人一人が，自分の人生を守り，まわり（異なる世代・異なる文化・地域やコミュニティ）を守り，環境（身近な・地球・自然）を守ること，そして，それを通して，人間の生活が中心にくる主体的で創造的な生活の実現であり，それは，子ども，大人，高齢者，障害のある人，男性も女性も，誰もが参加して創り上げていく「誰ひとり取り残さない」プロセスである。

■引用・参考文献

1）柏木惠子：おとなが育つ条件，岩波新書，2013．および堀薫夫：生涯発達と生涯学習，ミネルヴァ書房，2018．

2）ポルトマン，A. 著，高木正孝訳：人間はどこまで動物か—新しい人間像のために，岩波新書，1961．

3）広井良典：定常型社会—新しい「豊かさ」の構想，岩波新書，2001．

4）御船美智子：現代社会と生活経営．御船美智子・上村協子共編著：現代社会の生活経営，光生館，2009．所収

5）田辺義一：家庭経営学総論，同文書院，1982．

6）グラットン，L.，スコット，A. 著，池村千秋訳：LIFE SIFT 100年時代の人生戦略，東洋経済新報社，2016．

7）国立社会保障・人口問題研究所：人口統計資料集2023年改訂版，2023．

8）厚生労働省：健康日本 21（第三次），2023．

9）内閣府：令和4年男女共同参画白書，2022．

10）日本学術会議持続可能な長寿社会に資する学術コミュニティの構築委員会　提言「持続可能な長寿社会に資する学術コミュニティの構築」，2011．

11）内閣府：我が国と諸外国の若者の意識に関する調査（平成30年度），2019．

12）NHK 放送文化研究所：脱炭素時代の環境意識—ISSP 国際比較調査「環境」・日本の結果から—．放送研究と調査，2021；71（6）；80-103．

第3章 健康づくりのための身体活動

日本人の平均寿命は，女性87.09歳，男性81.05歳（厚生労働省「簡易生命表」2022年）であり，世界でも有数の長寿国である。すなわち平均的な日本人の場合，80年以上にわたって，同じ身体に命を乗せ続ける。これが可能であるのは，ヒトの身体には，新陳代謝によって食べ物から身体を構成する分子を常に新しくつくり変える遺伝プログラムが組み込まれているためである。この遺伝プログラムは，太古からの進化の過程で構築されたものであるため，一定の身体活動や運動を行うことで正常に動作するように最適化されている。

運動は，成長期の発育・発達においても，中年期のメタボリックシンドローム（メタボ）予防においても，老齢期のフレイル予防，ロコモティブシンドローム（ロコモ）予防においても，重要な役割を果たす。しかしながら，運動不足は世界規模で蔓延しており，日本でも運動習慣のある者の割合は約2～3割に留まる。ここでは，健康維持のために必要とされる運動・身体活動量について示す。

1 身体活動と生活活動・運動

身体活動とは「安静にしている状態よりも多くのエネルギーを消費するすべての動作」を指す。身体活動はさらに生活活動と運動に区分される。「生活活動」とは，日常生活における労働，家事，通勤・通学，趣味などをいう。運動」とは，体力の維持・向上や楽しみなどを目的として計画的・意図的に実施するスポーツやいわゆるトレーニングを指す（図3-1）。

小学校から高校までの学校教育における体育は，青少年の健全な発育・発達を主たる目的として，運動やスポーツを中心に取り組まれている。大学では，「人生100年時代」を見据えて，大学卒業後の人生の質を高め，生涯にわたる健康づくりに役立つ内容を取り扱う。身体活動という大きな視点から，運動やス

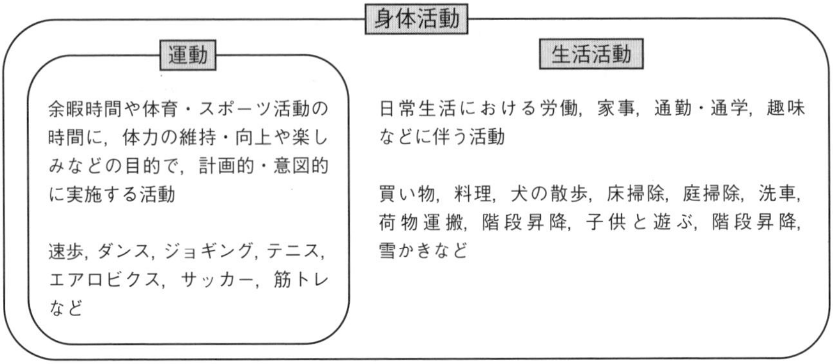

```
┌─────────────────────── 身体活動 ───────────────────────┐
│  ┌─── 運動 ───┐              ┌─── 生活活動 ───┐         │
│                                                          │
│  余暇時間や体育・スポーツ活動の    日常生活における労働，家事，通勤・通学，趣味  │
│  時間に，体力の維持・向上や楽し    などに伴う活動                │
│  みなどの目的で，計画的・意図的                            │
│  に実施する活動            買い物，料理，犬の散歩，床掃除，庭掃除，洗車，  │
│                      荷物運搬，階段昇降，子供と遊ぶ，階段昇降，  │
│  速歩，ダンス，ジョギング，テニス，  雪かきなど                │
│  エアロビクス，サッカー，筋トレ                            │
│  など                                        │
└──────────────────────────────────────────────────────┘
```

図3-1　身体活動と生活活動・運動

出典）厚生労働省：健康づくりのための身体活動基準・指針の改訂に関する検討会（令和5年6月26日）資料4「改訂に向けた論点について」p.6, 2023. より作図.

ポーツ，生活活動をとらえる。

　中年期（おおよそ40歳代～65歳未満）においては，糖尿病や高血圧症，脂質異常症などの生活習慣病や，肥満と複数の生活習慣病を併せもった状態であるメタボリックシンドロームの予防，解消が課題となる。高齢期（65歳以上）においては，筋肉の萎縮（サルコペニア*1）による運動器の障害（ロコモティブシンドローム）や虚弱（フレイル*2）の予防，解消が課題となる。

2 「健康づくりのための身体活動基準2013」と「健康づくりのための身体活動指針（アクティブガイド）」および2023改訂案

（1）生活習慣病発症予防に必要な身体活動量・運動量

　中年期以降は，糖尿病や脳血管疾患，心疾患等の生活習慣病の発症リスクが増加する。これらの発症予防には，一定の身体活動が有効である。そこで，ラ

---

*1　サルコペニア：高齢になるに伴い筋肉量が減少する現象。不活動が原因となって筋線維の数と筋横断面積が減少し，運動機能が低下する。

*2　フレイル：健康な状態と要介護状態の中間の虚弱状態。身体的フレイル（運動機能の低下），精神・心理的フレイル（軽度のうつ・認知症），社会的フレイル（社会的孤立）の連鎖によって老化現象が急速に進む。

イフステージに応じた生活習慣病発症予防のための基準，指針として「健康づくりのための身体活動基準2013」[1] および「健康づくりのための身体活動指針（アクティブガイド）」が公表されている。

　身体活動によって身体が変化するメカニズムは，生化学，分子生物学的に研究されてきた。例えば，運動による食後血糖値の上昇抑制や，運動トレーニングによるミトコンドリアの増加，骨格筋の肥大などは，分子レベルで説明することができる。こうした研究とは別に，日常生活においてどの程度の運動がどれくらいの健康増進効果を発揮するのかについても多くの研究が行われてきた。

　これらの生化学，分子生物学的また疫学的エビデンスをもとに国は，2006（平成18）年に「健康づくりのための運動基準2006」と「健康づくりのための運動指針2006（エクササイズガイド2006）」を発表した。さらに2013（平成25）年には改訂版として「健康づくりのための身体活動基準2013」および「健康づくりのための身体活動指針（アクティブガイド）」を策定し，国民の身体活動量増加による生活習慣病予防を推進してきた。その後10年間の実施期間と評価を経て，新たなエビデンスを踏まえた改訂版が2023（令和5）年度の公表に向けて準備されている[2]。

　2006年版では「運動基準」「運動指針」「エクササイズガイド」であった名称が，2013年版では「身体活動基準」「身体活動指針」「アクティブガイド」に変更されている。このことは，健康づくりのためにはスポーツウェアに着替えて行う運動だけでなく，普段着で可能な生活活動を含めて身体活動全体を重要視する認識が強まっていることを端的に表している。2023年版では，日常的な生活活動の重要性をさらに強調する方向で準備が進められており，長時間連続した座位行動を中断する（30分ごとに3分程度立ち上がる）ことの重要性が述べられる見込みである。

　表3-1に「健康づくりのための身体活動基準2013」（以下，身体活動基準2013，とする）の概要を示した。18～64歳において，3メッツ以上の強度の身体活動を毎日60分（週当たり23メッツ・時）行い，そのうち4メッツ・時は活発な（3メッツ以上）強度の運動を行うことを提唱している。

表3-1　健康づくりのための身体活動基準2013の概要

血糖・血圧・脂質に関する状況		身体活動（生活活動・運動）※1		運動		体力（うち全身持久力）
健診結果が基準範囲内	65歳以上	強度を問わず，身体活動を毎日40分（＝10メッツ・時/週）	今より少しでも増やす（例えば10分多く歩く）※4	—	運動習慣をもつようにする（30分以上・週2日以上）※4	—
	18～64歳	3メッツ以上の強度の身体運動※2を毎日60分（＝23メッツ・時/週）		3メッツ以上の運動※3を毎週60分（＝4メッツ・時/週）		性・年代別に示した強度での運動を約3分間継続可能
	18歳未満	—		—		—
血糖・血圧・脂質のいずれかが保健指導レベルの者		医療機関にかかっておらず，「身体活動のリスクに関するスクリーニングシート」でリスクがないことを確認できれば，対象者が運動開始前・実施中に自ら体調確認ができるよう支援した上で，保健指導の一環としての運動指導を積極的に行う。				
リスク重複者又はすぐ受診を要する者		生活習慣病患者が積極的に運動をする際には，安全面での配慮がより特に重要になるので，まずかかりつけの医師に相談する。				

※1　「身体活動」は，「生活活動」と「運動」に分けられる。このうち，生活活動とは，日常生活における労働，家事，通勤・通学などの身体活動を指す。また，運動とは，スポーツ等の，特に体力の維持・向上を目的として計画的・意図的に実施し，継続性のある身体活動を指す。
※2　「3メッツ以上の強度の身体活動」とは，歩行又はそれと同等以上の身体活動。
※3　「3メッツ以上の強度の運動」とは，息が弾み汗をかく程度の運動。
※4　年齢別の基準とは別に，世代共通の方向性として示したもの。

出典）厚生労働省HPより.

メッツ・時とは運動・身体活動量の指標で，運動強度の指標（メッツ）に時間をかけたものである。1メッツとは安静時（座位）のエネルギー消費量（酸素摂取量）であり，立位での酸素摂取量は安静時の2倍なので2メッツとなる。分速70mの普通歩行は3メッツである。普通歩行（3メッツ）を20分（3分の1時間）行うと3メッツ×1/3時間で1メッツ・時の運動量になる。ランニングの場合は，ほぼ時速をメッツ換算することができる。時速10kmの場合はほぼ10メッツである。

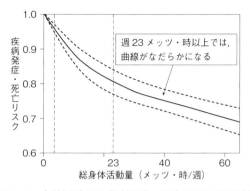

図3-2　身体活動量と疾病発症・死亡リスクの関連性

出典）厚生労働省：健康づくりのための身体活動・運動ガイド2023，RECOMMENDATION 1（案），
　　　2023．より作図．

　メッツ・時の有用性は，エネルギー換算が簡単なことである．つまり，1
メッツ・時の運動・身体活動は体重とほぼ同じ量のエネルギー消費量として計
算できる．例えば，50 kg の人が 5 km の距離を30分で走った場合のエネルギー
消費量は50（kcal/メッツ・時）×10メッツ×0.5時間で250 kcal と計算できる．

　身体活動基準2013で示された，「3メッツ以上の身体活動を週23メッツ・時
以上」という基準は，一般の人にとっては必ずしも理解が容易ではない．そこ
で，「1日60分以上の身体活動」，「1日8,000歩以上」という目標値が用いられ
ることも多い．

　また身体活動基準2013では，運動や身体活動は，必ずしも連続して行う必要
はなく，合計で同じ時間行うのであれば，例えば1時間連続して行う場合と，
10分を6回行う場合も効果は同じであることを示している．こまぎれでもよい
ので，少しでも運動・身体活動量を増やせば生活習慣病の予防に効果がありま
すよ，というメッセージである．

　このように身体活動基準2013は，疾病発症・死亡リスクを低下させるための
3要素として，①身体活動，②運動，③体力（全身持久力）を示している．次
に，①～③の要素が疾病発症・死亡リスク低下に対する寄与率について示す．
図3-2のように疾病発症・死亡リスクは身体活動量の増加に伴い減少する．

　図3-3には，①身体活動量（A），②運動量（B）で区分した集団ごとの疾

A　身体活動量

サブ グループ	人数 n	メッツ・時/週 （95％信頼区間）	リスク比 RR	最小 Lower	最大 Upper	G1からの RR減少量
G2	54	6.6　(5.6-7.7)	0.861	0.832	0.892	0.139
G3	56	22.4　(21.3-23.5)	0.833	0.792	0.876	0.167
G4	54	46.4　(40.2-52.5)	0.787	0.760	0.816	0.213
Total	164	25.0　(21.6-28.4)	0.826	0.808	0.845	0.174

B　運動量

サブ グループ	人数 n	メッツ・時/週 （95％信頼区間）	リスク比 RR	最小 Lower	最大 Upper	G1からの RR減少量
G2	57	2.9　(2.4-3.3)	0.884	0.856	0.913	0.116
G3	52	10.6　(9.8-11.4)	0.863	0.829	0.898	0.137
G4	53	31.3　(28.2-34.4)	0.819	0.771	0.870	0.181
Total	162	12.5　(10.4-14.6)	0.867	0.847	0.888	0.133

全身持久力の低い順に G1（表記なし），G2，G3，G4，G5とした。
※　n…被験者数

図3-3　身体活動量（A），運動量（B）が異なる集団で比較した，死亡，生活習慣病発症，がん発症，ロコモ，認知症発症のリスクの違い

出典）厚生労働省：運動基準・運動指針の改定に関する検討会報告書，2013．一部改変．

病発症・死亡リスクを示した。身体活動量または運動量の増加に伴い疾病発症・死亡リスクは低下する。身体活動量が最も多い（46.4メッツ・時/週）集団や，運動量が最も多い（31.3メッツ・時/週）集団での，それぞれ最も少ない集団G1（図には示されていない）からのリスク減少率はそれぞれ21.3％と18.1％であった。すなわち，身体活動・運動による生活習慣病発症予防効果は約20％であり，食習慣の改善や，禁煙と合わせた取り組みの必要性を示している。そのため医療現場においては，近年，各分野の専門家による多職種協働の重要性がひときわ強調されている。

　図3-4には，③全身持久力（A：男性，B：女性）で区分した集団ごとの疾病発症・死亡リスクを示した。全身持久力については，低い方から2番目の集団（G2）であってもリスク減少率は36.6％（男性），39.6％（女性）であり，最も高い集団（G5）でもリスク減少率は44.9％（男性），35.8％（女性）に留まった。すなわち，全身持久力は一定以上の能力を維持することが重要であり，表3-2で示した運動強度を3分以上継続できない場合，疾病発症・死亡

A　男性40歳〜59歳

サブグループ	人数 n	メッツ（範囲）	リスク比 RR	最小 Lower	最大 Upper	G1からのRR減少量
G2	19	8.7　（-10）	0.634	0.560	0.717	0.366
G3	33	10.8　（10-12）	0.634	0.582	0.690	0.366
G4	31	13.0　（12-14）	0.519	0.454	0.593	0.481
G5	10	14.9　（14-）	0.551	0.457	0.664	0.449
Total	93		0.601	0.567	0.638	0.399

B　女性40歳〜59歳

サブグループ	人数 n	メッツ（範囲）	リスク比 RR	最小 Lower	最大 Upper	G1からのRR減少量
G2	3	7.4　（- 8）	0.604	0.481	0.757	0.396
G3	16	8.8　（ 8-10）	0.579	0.510	0.657	0.421
G4	12	10.6　（10-12）	0.572	0.499	0.655	0.428
G5	5	12.9　（12-）	0.642	0.503	0.821	0.358
Total	36		0.586	0.540	0.636	0.414

全身持久力の低い順にG1（表記なし），G2，G3，G4，G5とした。
※　n…被験者数

図3-4　男性（A），女性（B）における全身持久力が異なる集団で比較した，死亡，生活習慣病発症，がん発症，ロコモ，認知症発症のリスクの違い

出典）厚生労働省：運動基準・運動指針の改定に関する検討会報告書，2013．一部改変．

表3-2　疾病発症・死亡リスクにかかわる性・年代別の体力基準

年　齢	18〜39歳	40〜59歳	60〜69歳
男　性	11.0メッツ（39 mL/kg/分）	10.0メッツ（35 mL/kg/分）	9.0メッツ（32 mL/kg/分）
女　性	9.5メッツ（33 mL/kg/分）	8.5メッツ（30 mL/kg/分）	7.5メッツ（26 mL/kg/分）

注）表中の（　）内は最大酸素摂取量を示す。
表に示す強度での運動を約3分以上継続できた場合，基準を満たすと評価できる。

出典）厚生労働省：運動基準・運動指針の改定検討会報告書，2013．

リスクを著しく上昇させることを示している。

　図3-5には，年齢階級別に運動習慣の妨げとなる点を示した。仕事が忙しいことや，面倒くさいことが主要な理由を占めており，特に働き盛りの30歳

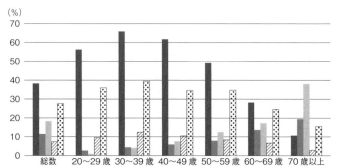

図3-5　運動定着の妨げとなる点（年齢階級別）

出典）厚生労働省：令和元年国民健康・栄養調査.

代，40歳代を中心に，仕事が忙しいと回答した人は50％を超える。こうした人たちにとって，毎日60分間の身体活動という目標設定は，そもそも実現が困難と映ることがある。

　そこで身体活動基準2013からは，一律に高い目標を掲げるのではなく，それぞれの日常生活に合わせて現状を改善することが提唱されるようになった。すなわち，全年齢層に対して，身体活動を「今よりも少しでも増やす（例えば10分多く歩く）」，「運動習慣を持つようにする」ことが推奨されるようになった（表3-1）。同時に策定された「アクティブガイド」では，「いつでもどこでも＋10（プラス・テン）」をスローガンに，身体活動を少しでも増やすための環境づくり（地域，職場，コミュニティ）が強調されている。

（2）生活習慣病発症予防に必要な座位行動指針

　2023年度に公表予定の改訂版では，プラス・テンで示した方向性がさらに拡大される。アクティブガイドという名称はそのままに，「健康づくりのための身体活動・運動ガイド2023」となる予定である。この方向性は，2020年にWHO（世界保健機関）が示した身体活動・座位行動ガイドライン（WHO guidelines on physical activity and sedentary behaviour：at a glance）と一致する。「ブレイク・サーティー」を新しいスローガンとして追加し，30分ごとに3分程度立ち上がることで，座っている時間が長くなりすぎないようにすることを強調

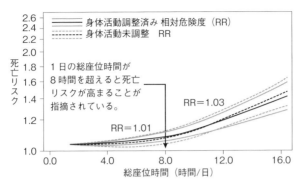

図3-6　総座位時間と死亡リスクの関係

出典）厚生労働省：健康づくりのための身体活動・運動ガイド2023，RECOMMENDATION 1（案），
2023．より作図．

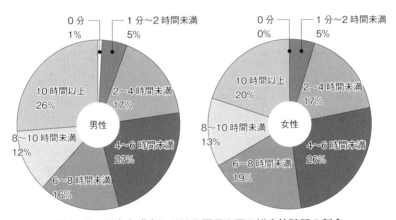

図3-7　日本人成人における平日1日の総座位時間の割合

出典）厚生労働省：健康づくりのための身体活動・運動ガイド2023，RECOMMENDATION 1（案），
2023．より作図．

している。8時間を超える座位時間は死亡リスクを上昇させることが示されて
いる（図3-6）。

　日本人成人において，平日1日当たりの座位時間が8時間を超える人は，
「平成25年国民健康・栄養調査」（厚生労働省）によると，男性で約40％，女性
で約30％である（図3-7）。座位時間は，比較的新しい概念であるため，経年

的な調査が行われてこなかったが，2020（令和2）年からの新型コロナウイルス感染症の拡大によって，私たちの生活様式に大きな変化があった。テレビやスマートフォン等の画面を見る時間（スクリーンタイム）の拡大や，オンラインでの授業・勤務形態が一般化したことで，座位時間は拡大する傾向にある。新型コロナウイルス感染拡大の影響によって，青少年におけるスクリーンタイムの増加ならびにメタボリックシンドローム症状の増加が報告されている[3]）。

（3）健康づくりのために必要な筋力トレーニング

　日本人の平均寿命の延伸に伴い，高齢期における健康や生活の質を保つための方策が社会的課題になっている。平均寿命と健康寿命（健康上の問題で日常生活が制限されることなく生活できる期間）の間には乖離があり，男性で晩年の8年，女性で12年が介護や支援が必要な平均的年数である（厚生労働省，2019）。平均寿命と健康寿命は共に延伸しているが，この乖離の年数が縮まらないため要介護者数は著しく増加して，この20年でおよそ3倍となった（厚生労働省「介護保険事業状況報告」による）。介護のために転職・離職した等の介護者の生き方の変化も含めて，介護・要介護は今後ますます身近な問題になる。

　表3-3に要支援・要介護の原因となる疾病について示した。脳血管疾患は男性の方が，関節疾患や骨折・転倒といった運動器の疾患は女性の方が多い。

表3-3　要支援・要介護に至った原因　2022（令和4）年

	第1位	第2位	第3位
総　数	認知症	脳血管疾患	骨折・転倒
要支援1	高齢による衰弱	関節疾患	骨折・転倒
要支援2	関節疾患	骨折・転倒	高齢による衰弱
要介護1	認知症	脳血管疾患	骨折・転倒
要介護2	認知症	脳血管疾患	骨折・転倒
要介護3	認知症	脳血管疾患	骨折・転倒
要介護4	脳血管疾患	骨折・転倒	認知症
要介護5	脳血管疾患	認知症	骨折・転倒

出典）厚生労働省：2022（令和4）年国民生活基礎調査，2023．より筆者作成．

男性ホルモンは骨格筋の肥大を促し，女性ホルモンは動脈硬化を予防する作用を有することが，性差の原因である。すなわち，特に女性においては筋力トレーニングを行うことは，要介護状態に陥らないために有効である。また男女ともに主要な原因疾患である認知症についても，運動は神経成長因子の分泌を介して脳機能の維持にも効果を発揮することが知られている。

筋力トレーニングは，筋肉に強い負荷をかけることにより筋肥大を起こすトレーニングであり，レジスタンス運動とも呼ばれる。筋力トレーニングには，高齢化による筋肉の萎縮や筋力低下，運動器の疾病や虚弱を予防する効果がある。日本整形外科学会では，要介護状態に陥らないために特に重要なのは下肢の筋力と筋バランスの2点であるとして，ロコモティブシンドローム（ロコモ）のチェックシートやトレーニングを公表している。

図3-8に，筋力トレーニングによる総死亡および心血管疾患，がん，糖尿病のリスクへの効果を示した。筋力トレーニングは1回30～60分程度で行われるので，週に2回程度の筋力トレーニングは，全年代に対してメタボリックシンドローム予防効果を発揮すると期待される。フレイル予防効果を合わせて考えると，高齢になるほど，筋力トレーニングの重要性は増加する。

（4）各年代に対する運動・身体活動量

成長期の子どもや青少年においては，1日60分の身体活動や週に3回の3メッツ以上の運動や筋力トレーニングに加えて，座位時間，特にスクリーンタイムを減らすことが推奨されている。

高齢者に対しては，一般成人よりも体力が低いことが一般的であるため，強度が3メッツ以上の身体活動を10メッツ・時/週以上行うことが推奨されている。これは毎日40分あるいは6,000歩の歩行に相当する。また有酸素運動に加えて，筋力トレーニング，バランストレーニングなどを組み合わせて実施するマルチコンポーネント運動プログラム（マルチコ）が推奨されている。

（5）疾病をもつ人に対する運動・身体活動量

日本で60歳以上の高齢者では，6割以上の人が何らかの疾患で通院しており[4]，年齢とともにその率は上昇する。慢性疾患を有する人に対しては，定期的な健康診断と医療機関の受診，必要な治療が行われていることを前提とし

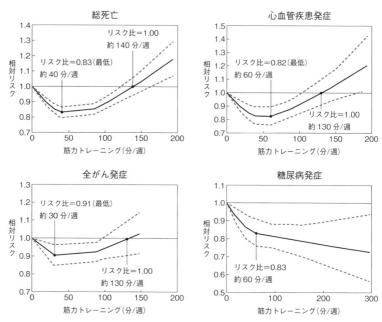

図3-8　筋力トレーニングと総死亡および疾病発症リスクとの関係

原典）Momma, H. et al.：Muscle-strengthening activities are associated with lower risk and mortality in major non-communicable diseases：A systematic review and meta-analysis of cohort studies. *Br J Sports Med*, 2022.（電子版）
出典）厚生労働省：健康づくりのための身体活動・座位行動指針インフォメーション　健康づくりのための筋トレ（案），2022.

て，無理のない範囲でプラス・テンから始めること，それが困難な場合はブレイク・サーティーから取り組むことが推奨されている。

　同時に，各疾病に固有のリスクを意識して取り組むことが長期的に運動・身体活動量増加の効果を享受するために必要である。例えば高血圧症では，高強度運動での出血性脳卒中のリスクがあるので低・中強度運動から開始する。2型糖尿病では，低血糖の有無，合併症の有無を事前確認の上，非運動日が2日以上続かないように心がける。脂質異常症では，レジスタンス運動（スクワット，腕立て伏せなど）は低強度〜中強度のレベルから開始する。変形性膝・股関節症では，運動で悪化する疼痛があるので疼痛軽減や身体機能向上に効果がある有酸素運動（陸上でも水中でも），Mind-body exercise（太極拳，ヨガ，気

功など），筋力トレーニング，柔軟性運動などを行う。

　身体活動の推進は，健康寿命の延伸のみでなく，メンタルヘルス保持の効果も期待されている。子ども，青少年，成人，高齢者，妊娠中および産後の女性において，身体活動によるメンタルヘルスへの効果（うつ症状や産後うつの軽減）が報告されている[5]。

❸　生きる力と持続可能な社会を維持するための身体活動施策

　ヒトは生まれ落ちたときから社会や文明によって支えられ，文化や文明を享受して生活することができる。個人の人生は有限であるが，現代的に暮らすことができるのは，社会が古代より持続的に発展，維持されてきたためである。

　社会の発展は，医療技術の発達，栄養・衛生状態の改善や，争いの少ない世界をもたらし，ヒトの寿命を顕著に延伸した。また交通機関や輸送技術の発達は，ヒトの活動領域を大幅に拡大した一方で，生きるために必要とする身体活動量は古代社会と比べて大幅に少なくなった。

　現代において，文明社会はさまざまな危機に瀕している。最大の危機の一つが，寿命の延伸と高齢化に伴う健康問題である。皮肉なことに，過剰な栄養摂取や，少なすぎる身体活動量は，メタボリックシンドロームやロコモティブシンドロームを引き起こし，個人のQOLを低下させる。医学や健康科学分野の発展によって，これらの疾病は生活習慣の改善，すなわち適切な栄養摂取と身体活動によって予防できることがわかってきた。

　本章で述べたように，からだと心の健康づくりに必要な身体活動量はおおむね明らかになっている。疾病予防に加えて，免疫機能の増進，体力向上によって生活全般が楽になるなど，生きる力を高める効果もある。

　持続可能な社会を維持するためには，二つの観点からの取り組みが重要である。一つは，アクティブガイドの認知を高める教育や，身体活動に対する意識を高めるなどの「心理的ハードル」を下げる施策。もう一つは，社会全体が身体活動量を増やすことのメリットを十分に認識して，職場や地域，街づくりにおいて，身体活動を行いやすい環境を整備するといった「環境的ハードル」を下げる施策である。

■引用・参考文献

1）厚生労働省：運動基準・運動指針の改定に関する検討会報告書　健康づくりの
ための身体活動基準2013，2013.

2）厚生労働科学研究費補助金 循環器疾患・糖尿病等生活習慣病対策総合研究事業，
最新研究のレビューに基づく「健康づくりのための身体活動基準2013」及び「身
体活動指針（アクティブガイド）」改定案と新たな基準及び指針案の作成，令和
2〜3年度 総括・分担研究報告書，研究代表者澤田亨，2021.

3）Musa, S. et al.：COVID-19 and screen-based sedentary behaviour：Systematic review of digital screen time and metabolic syndrome in adolescents. *PLOS ONE*, 2022；17（3）；e0265560.

4）厚生労働省：2022（令和4）年国民生活基礎調査，2023.

5）世界保健機関（WHO）：身体活動・座位行動ガイドライン，2020.

第4章 生活のリスクとリスクマネジメント

　リスクという語にはさまざまな定義があるが，一般的には辞書にみられるような危険，危険性といった解釈をする人が多い。"生活のリスク"は生活の中で直面する危険，"リスクマネジメント"は危険を避けるための管理方法といったニュアンスの解釈になるかもしれない。しかし，リスクを確率論的な定義で考えると，リスクが生活に役立つ概念として利用できるようになる。本章では，リスクとは何かについて整理することから始めて，日常生活のリスクやリスクマネジメントについて考えたい。

1 リスクの概念

（1）役に立つリスクの定義

　専門家により検討されたリスクの定義として「effect of uncertainty on objectives：目的に対する不確かさの影響」[1] というものがある。これは組織のリスクマネジメントの国際規格 ISO31000：2018（JISQ31000）の定義である。考え抜かれた定義であるが，正直なところわかりにくい。ここで取り上げたいのはこの定義ではなく，この定義に付随して注記として書かれている「一般に，リスクは，リスク源，起こり得る事象及びそれらの結果並びに起こりやすさとして表される」という記載である。"リスク源"は「それ自体またはほかとの組み合わせによって，リスクを生じさせる力を潜在的にもっている要素」，"事象"は「ある一連の周辺状況の出現又は変化」，"結果"は「目的に影響を与える事象の結末」，"起こりやすさ"は「何かが起こる可能性」と解説されている。つまりリスクという語は，一つの定義があるわけではなく，さまざまな意味で使われている現状が示されている。

　リスクを役に立つ概念として活用するためには，確率論的に考えることが有用である。その定義の一例として，ISO IEC ガイド51：1991に，リスクは「危

害の発生確率とその危害の程度の組み合わせ」としたものがある。ISO31000の注釈にあった"結果"と"起こりやすさ"を組み合わせたもので，危害の程度と発生確率の二軸を考えるものである。

　これは，製品の安全管理や化学物質のリスク管理などにも利用されている。例えば，電気製品の安全管理では，製品から発煙するという軽微な被害から，火災，建物延焼といった重篤な危害の程度までを想定して，それらの発生頻度をそれぞれ考えるという方法がとられる。建物延焼が起こるような事態は死亡事故につながるので，それがしばしば発生するのであれば，その製品の販売を停止して回収に努めるという判断が下されたりする。消費者庁がリコール製品として発表する製品には，このようなものが含まれる。化学物質のリスク管理では，化学物質の曝露量当たりの毒性の発現率を動物実験で調べて基準値を決定したり，曝露量を調べて化学物質の影響が有意に懸念されるようであれば使用を制限したり，排出量削減対策が実施されるように法律を整備したりする。

　このようなリスクの考え方は，生活の中でも使えそうだが，危害の程度と発生確率の二軸でリスクを考えることは，なかなか難しい。例えば自転車を例にすると，自転車事故で生じる危害の程度は，擦り傷程度から致死まで多様である。自分自身への危害だけでなく，他人や他人の財産に対する危害，機会損失などもあるかもしれない。さらに擦り傷を負う確率と死亡する確率は異なるので，危害の起こりやすさは一つに定まらない。そのため自転車のリスクを危害の発生確率とその危害の程度で評価しようにも単純な結果は得られない。

　そこで，リスクを確率論的に，かつわかりやすく考えるためには，リスクを「望まないことが起こる確率」と定義する方法を勧めたい。ここで，望まないこと，すなわち結果のことをエンドポイントという。そのエンドポイントが発生する原因のこと，すなわちリスク源のことをハザードと呼ぶ。このリスク，ハザード，エンドポイントは，いずれもリスクと呼ばれてしまう場合もあるが，これらを分けてリスクを発生確率のみで考えるのである。これは特別な定義というわけではなく，リスクの数ある定義の中の一つにすぎない。この場合，リスクは確率なので，0から1までの数字で表される。例えば，1万人に1人，あるいは1万回に1回生じるようなことは，リスクを0.0001，1/10000，

もしくは1×10^{-4}というように表す。

（2）エンドポイントを決める意味

　ある原因（ハザード）により望まないこと（エンドポイント）が発生する確率をリスクと定義する方法では，リスクを明らかにするために，まずエンドポイントを一つ決める必要がある。というのは，リスクはエンドポイントによって異なるからである。例えば先述の自転車の例では，先にエンドポイントを「擦り傷を負う」，あるいは「死亡する」と決めることによって，その発生確率（リスク）を見積もることができる。

　一方でエンドポイントを一つに決めることは，大きく二つのメリットをもたらす。その一つは，リスクが比較できることである。交通事故とインフルエンザ，あるいは入浴といった全く異なるハザードであっても，例えばエンドポイントを死亡とすると，年間死亡者数の統計データからリスクを算出し，比較することができる。

　コロナ禍前の2018（平成30）年の人口動態統計[2]から，日本における交通事故，インフルエンザ，入浴中事故を比べてみると，表4-1に示したように，2018年の死亡者数はそれぞれ，4,595人，3,325人，5,958人であり，10万人当たりではそれぞれ3.7人，2.7人，4.8人となる。したがって，それぞれの死亡リスクは3.7×10^{-5}，2.7×10^{-5}，4.8×10^{-5}と表せ，交通事故やインフルエンザと比べて，入浴中の事故は侮れないことがわかる。このようなリスクの比較は，気をつけるべきハザードを明らかにしたり，対策の優先順位をつけたりするのに役立つ。また，年間で100万分の1（10^{-6}）程度の確率で起こるようなことは無数にあるため，これより小さなリスクをむやみに心配することは有意義でないなど，対策の必要性を判断することにも役に立つ。

表4-1　死亡リスクの比較例

ハザード	死亡者数	人口10万人当たり死亡者数	リスク
交通事故	4,595	3.7	3.7×10^{-5}
インフルエンザ	3,325	2.7	2.7×10^{-5}
入浴事故	5,958	4.8	4.8×10^{-5}

（筆者作成）

　リスクを比較する上で気をつけるべきことは，比較しているハザードのエンドポイントが同じかどうかである。インフルエンザに罹ることとお風呂で倒れることを比べても役に立たない。また，自分と他人では心身の状態や生活環境が異なるので，統計データは必ずしも個人のリスクに当てはまらないことにも注意が必要である。アレルギー疾患をもつ人にとって，ある食べ物のリスクがきわめて大きい場合があるように，特異的にリスクが大きい人に平均的な統計データを当てはめては正しい判断ができない。またリスクの比較は，あるリスク低減策によって別のリスクが変化するという，リスクのトレードオフの理解にも役立つ。例えばマスクの着用は，感染リスクを下げるかもしれないが，熱中症や酸素不足により障害を負うリスクが上がる。これらもリスクを比較することがマスク着用の是非の判断に役立つ。

　エンドポイントを一つ決めてリスクを考えることのもう一つのメリットは，自分や他人の価値観の違いを知るきっかけとなり，相互理解に役立つという点である。エンドポイントは自分にとって重要な望まない事態であって，何を想起するかは個人の経験や現状の生活を含めた価値観によるところが大きい。インフルエンザを例とすれば，死に至ることはもちろん怖いが，学校や仕事を休まなければならないことの方が現実的な問題かもしれない。学校保健安全法では，インフルエンザに罹患すると「発症後5日間が経過し，かつ解熱後2日間を出席停止期間とする」とされているため，インフルエンザに罹患したと診断されると，症状がきわめて軽くても最低5日間は学校を休む必要がある。会社においてもこれに準じた対応をしているところが多い。学校や会社を休むことをエンドポイントにおいて，インフルエンザと交通事故のリスクを算出すると，表4-2に示したように2017-18年シーズンにインフルエンザで受診した外

表4-2　学校や会社を休むことをエンドポイントにしたリスクの比較

ハザード	人口10万人当たり負傷者数，外来者数	リスク
交通事故	486	4.9×10^{-3}
インフルエンザ	11,737	1.17×10^{-1}

（筆者作成）

来者数[3]は10万人当たり11,737人（リスクは1.17×10^{-1}），2018年の交通事故による負傷者数[4]は10万人当たり486人（リスクは4.9×10^{-3}）なので，**表4-1**の死亡リスクとは大きく異なって，明らかにインフルエンザの方がリスクは大きいことが分析的に示される。日常的には死亡することより学校や会社を休むことをエンドポイントとして考える方が現実的なので，学校や会社の管理者は，交通事故対策よりもインフルエンザ対策に重点を置く方が理にかなっているといえる。

　以上のように，リスクは危険と同じような意味で漠然ととらえるのではなく，「望まないことが起こる確率」と定義して確率論的に考えると役に立つ概念として利用できる。エンドポイントを一つ決めてリスクを比較すれば，危ないハザードに気づき，対策の優先順位や必要性を判断できる。自分と他人の考えや行動の違いは，重要と思うエンドポイントの違いに由来することも多く，それに気づくと他人の考えや行動に合点がいき，相互理解のきっかけにもなる。

2　リスクのとらえ方

　前節では確率論的に考えるリスクの概念について述べた。しかし人間は，リスクを論理的に考えずに判断することがある。本節では，人々のリスク認知システムとリスクの正しい判断に必要なリスクリテラシーについて述べる。

（1）リスクの認識システム

　人間には，安全になればなるほど不安が高まり，さらに安全を求めるという傾向がある。十分に安全なレベルのリスクに不安を感じ，合理的な判断をしないことがなぜ起こるのか，普通に生活している人々が何にリスクを感じ，そのリスクを回避するための選択がどのようなシステムで行われるのかというリスク認知研究は1970年代末から盛んに行われ，多くの知見が蓄積された。

　Slovicら[5]は成人の対象者に専門的な知識をもたない多くのリスク事象を提示し，因子分析によって一般人のリスク認知は「恐ろしさ因子（致死的である，制御困難である，将来世代への悪影響が懸念される，非自発的にさらされるなど）」と「未知性因子（科学的によくわかっていない，どのような影響が出てくる

か未知であるなど）」の二つの因子から構成されているとまとめ，ハザードやリスクに対する心理的な知覚がリスク認知に影響を与えているとした。この研究はリスク認知研究の礎石となっており，例えば原子力発電所から排出される放射性廃棄物のリスクを高く認知する一方で，なじみがある自転車のリスクを実際よりも低く認知する現象も，このリスク認知の性質によって説明できる。

Epstein[6]，Sloman[7]，Kahneman & Frederick[8] は，人々のリスク認知システムについて，二重過程理論を提唱した。人間の情報処理には，システム1とシステム2があり，システム1が下した直感的・感情的な判断を分析的・論理的なシステム2が必要に応じて調整をするというシステムである。前者は感覚的で，感情をベースに素早く楽に判断し，直截的な反応をする，具体的な映像・画像，個別事例でリアリティを得る情報処理システムである。後者は，意識的で理論をベースに時間をかけて分析・判断し，慎重な反応をする，抽象的な数値や統計量からリアリティを得る情報処理システムで，ヒトの進化の過程で獲得してきたと考えられている。

　システム1には，経験や先入観に基づいて直感的に答えを得るヒューリスティクスという思考パターンが含まれる。ヒューリスティクスには，典型的なものを優先する代表性ヒューリスティクス，リスクや便益を感情に基づいて知覚する感情ヒューリスティクスなどがある。これらが常に正しい判断をするのであれば問題はないが，リスクを正しく認知しないことが多くある。例えば，代表性ヒューリスティクスは，髪が茶色い高校生は万引きをするヤツが多い（リスクが大きい）と誤解するようなケースである。感情ヒューリスティクスの例としては，自動車のような便益が大きいものはリスクを小さく判断し，ウイルス性疾患のような便益がほとんどないものはリスクが大きいと判断したりするようなことがあげられる。

　生物は，外敵からの攻撃や厳しい自然環境において，生か死かという目に見える危機に直面し，素早い判断が求められ，その直感的な選択が適切な個体のみが子孫を残すことができた。つまりシステム1の働きで生き抜いてきた。現在のような文明社会においては，人々はあらゆる手段でデータを入手し，それらのデータを踏まえて判断できるようになっている。つまりシステム2の働き

を活用しやすい環境になっているが，その歴史は数千年に過ぎず，認知システムを大きく変容させるには至っていない。現在も人々のリスク認知においてシステム2の機能は十分に作動せず，認知的な負荷の低いシステム1が優先的に働いて最終的な判断に大きな影響を与えている。そのシステム1による誤ったリスク認知を防ぐためには，システム1の認知はしばしば間違うことを知ること，システム2を働かせる努力をする必要がある。

（2）リスクリテラシー

「リテラシー（literacy）」という言葉は国立国語研究所の外来語の読み替え提案では，「読み書き能力」，「活用能力」と示されている。リスクリテラシーの定義は，リスクの定義と同様にさまざまであるが，リスクやリスクに関する情報を適切に対処する基本的な能力であり，システム2を働かせて適切な行動選択などを行う上で必要な基礎知識や基本的思考能力であるといえる。楠見[9]は，リスクリテラシーは，科学リテラシーの一部である科学的方法・科学的情報の見方，それとかかわるリスク情報を読み取るための統計（数学）的リテラシー，そして，新聞，テレビなどのメディアから伝えられる情報を正しく理解し，適切な行動をするためのメディアリテラシーに支えられていると述べている。それぞれのリテラシーにも程度はあり，難度もさまざまであるが，科学リテラシーは，例えば水素は空気よりも軽く引火爆発して水を生成することや危険性を小さくする扱い方を理解しているといったもので，適切なハザードやエンドポイントを発想するために役に立つ。統計的リテラシーは，データの平均値を示したりグラフを使って情報を正確にわかりやすく表現したり読み解いたりするような能力で，確率論的なリスクを考えるためには必要な能力である。メディアリテラシーはメディアから情報を入手して読み解く能力のほか，メディアを通じてコミュニケーションをとる能力も含まれる。これらは，数学や言語のように人々に共通する思考の土台となるものであることから，教育システムの中で総合的に能力を高めていくことが望まれる[10]。

3　日常生活におけるリスクとリスクマネジメント

（1）日常生活におけるリスク

　2018（平成30）年に告示された高等学校学習指導要領解説（家庭編）[11] では，日常生活におけるさまざまなリスクが取り上げられている。日常生活におけるリスクを把握し，そのリスクのマネジメントに関する思考力を高めることを目的としている。高等学校で学ぶ「家庭基礎」および「家庭総合」の教科書をみると，学習指導要領にしたがってリスクという用語が数多く記載されており，その内容は**表4-3**に示したように，健康や衛生の分野，家計や経済計画の分野，生活や消費の分野など多岐にわたる。しかし，教科書の文章の文脈からリスクという言葉の使われ方を読み取ると，リスクを危険や危険性という広義の意味で使っている箇所が散見されるなど，上述のリスクの考え方を踏まえた記述は少ない。

　リスクマネジメントを文字通り解釈すると，リスクそのものを管理するということになるが，リスクを先に示したように，「望まないことが起こる確率」と言い換えると，望まないこと（健康被害や経済的損失）が生じる可能性を引き下げるために，その被害や損害を引き起こすハザードに対策を講じることによって管理するということと説明できる。つまり，リスクを管理するには，そもそもどのようなことが起きてほしくないのか（エンドポイントは何か），その

表4-3　日常生活のさまざまなリスク事例

分　類	ハザード	エンドポイント
健康，衛生	病原微生物，有害化学物質，衣食住環境，妊娠・出産，習慣，職業，事故，自然災害，加齢	死　亡 QOL 低下
家計，経済計画	事故，自然災害，健康，所得，貯蓄・投資，保険，負債，年金	経済的困窮 疾　病
生活，消費	物品購入，契約，仕事，学校，SNS，IT 利用，対人関係	精神疾患 生活基盤喪失

※ SNS：social networking service　IT：information technology

（筆者作成）

要因（ハザード）は何かを明確にすることから始めるとよい。ハザードとエンドポイントの例は**表4-3**にも示しているが，例えば病原微生物，環境汚染物質や事故等による健康被害，地震や台風などの自然災害による健康被害や経済的損失，火災などによる経済的損失，株式投資をしている際の株価暴落による経済的損失などさまざまなものがある。適切なエンドポイントが設定できると，さまざまなハザードのリスクを比較して対策を考えて実行するリスクマネジメントに役立てることができる。

（2）日常生活のリスクマネジメント

　リスクマネジメントには個人あるいは家族でマネジメントする場合と社会システムの構築により集団をマネジメントする場合がある。以下に，健康に関するリスクマネジメントを例にその手順と違いについて説明する。

　健康リスクのハザードには，自然災害，疾病罹患，環境中や食品に含まれる有害物質や病原物質などがある。この中で，食品中に含まれる有害物質の摂取について考えてみる。まずは，管理したい「望まないこと（エンドポイント）」を明らかにする。例えば，化学物質 X（ハザード）によって疾患 Y に罹ることをエンドポイントとする。次に，化学物質 X をどのくらい摂取すると疾患 Y が発症するかを評価した上で，食品から化学物質 X を摂取する量を減らす対策を考えて，集団 P における疾患 Y の発生確率を下げる。例えば，何も対策を取らなければ，10万人中10人が疾患 Y を発症する（リスクは 1×10^{-4}）と推定されたものが，対策 A により10万人中8人の発症（リスクは 8×10^{-5}）と推定され，対策 B では5人の発症（リスクは 5×10^{-5}）と推定される場合，対策 B は対策 A よりも望ましいと判断できる。また，対策 A と対策 B にかかる費用が同じであれば，費用対効果面においても対策 B が選択される。ただし，対策の選択にはその社会を構成する人々の合意形成が求められ，対策後のリスクの大きさの目標値や対策費用などをあらかじめ合意しておく必要がある。

　このように，集団を対象としたリスクマネジメントを考える場合は，ハザードによるリスクを評価し，その評価結果に基づいて，費用対効果も考慮して対策を決定する。この過程は，前節で述べた二重過程理論におけるシステム2による判断過程となる。上記の文章を理解するには統計的リテラシーが必要なこ

とも実感できただろうか。

　一方，個人を対象としたリスクマネジメントを考える場合は，基本的な視点が変わってくる。集団の発生確率ではなく，その個人が疾患Yに罹るか罹らないかという問題となる。その場合，システム1による判断過程が中心となって，疾患Yに罹らないように化学物質Xを少しでも含む食品は絶対に食べないといった極端なリスク管理を行い，集団を対象として示された対策は選択されないことがある。さらに疾患Yに関する視覚的な映像がメディアなどで提供されると，リスク認知が影響されてシステム1による判断がより強化されることもある。リスクリテラシーにメディアリテラシーが含まれることはこれが理由の一つでもある。

　中谷内[12]はシステム2によるリスクマネジメントが，個人にとっても社会にとっても合理的なリスク対策の受容につながるというのであれば，その合意形成にはシステム2の働きを高め，システム1の感情的・直観的判断に対するモニター機能を強化するようコミュニケーション方略を設計する必要があると述べている。つまり，システム2の働きを強化することは，個人と集団のリスク判断の差を減らすことにつがなると考えられる。それには化学物質Xについての知識や疾患Yにつながる機序を理解する科学リテラシー，対策による発症確率の変化を理解する統計的リテラシーなどの教育が有用になる。

（3）日常生活におけるリスク対策としての保険制度

　リスクマネジメントでは，発生確率を低くするだけではなく，被害を軽減する観点も役に立つ。日常生活における経済的損失に関しては，保険によって被害を軽減する方法は重要である。法に基づいた保険制度には以下のものがあり，生活が維持できなくなるリスクを低減するために非常に重要な役割を果たしている。

　①　医療保険制度：日本国民すべてが何らかの医療保険に加入し，保険証さえあれば，「いつでも」「誰でも」必要な医療サービスを受けられる制度。

　②　介護保険制度：高齢者の介護を社会全体で支え合うしくみ。

　③　予防接種後の副反応に対する被害救済制度：定期予防接種の場合は予防接種法，任意予防接種の場合は独立行政法人医薬品医療機器総合機構法に

　　　基づく被害救済制度。

④　失業保険制度：労働者が失業した場合に失業保険金を支給して生活の安
　　定を図る制度。

　自動車では，自動車損害賠償保障法によって，限られた例外を除いて運転手
に厳しい損害賠償責任が課されており，自動車保険は事故の被害者だけでなく
加害者の生活が困難になるリスクを低減する。自動車保険の加入者による保険
料は年間数兆円にも及び，被害者救済に活用されている。火災については「失
火ノ責任ニ関スル法律」があり，重過失でもない限りは，火元に損害賠償を請
求することができない制度になっている。これは加害者の生活が困難になるリ
スクを軽減するが，被害者は守られないため，自ら保険に入って未来の火災に
よる経済的損失に備える必要がある。その他，民間の生命保険などさまざまな
ハザードに対する多くの種類の保険があり，生活が困難になるリスクの低減に
役立てることができる。

4　リスクマネジメントと持続可能な社会の実現

　生活の中で多用されるリスクという言葉は，単に危険や危険性という意味で
使われる場合もあるが，リスクを「望まないことが起こる確率」と定義して確
率論的に考えると，リスクは役立つ概念として使うことができる。つまり，ハ
ザードやエンドポイントを先に明らかにしてリスクを確率としてとらえると，
リスクの大きさがわかり，リスクの比較ができるようになる。リスクが比較で
きると，対策の優先順位や必要性などが判断できる。また，エンドポイントの
理解は，他人との相互理解を進めることにもつながる。リスクを大きさとして
とらえて，どれくらいの大きさのリスクなら受け入れられるかを考えることが
リスクマネジメントの基本である。一方で，私たち人間は，システム1による
直感的な思考をしがちで，それによって誤った判断をする場合がある。その事
実を理解し，システム2を使う努力をすると，よりよいリスクマネジメントが
できるようになる。

　本章では，生活のリスクをできるだけ論理的・客観的に考え，マネジメント
することの意義を述べてきた。持続可能な社会の実現には革新的技術とシステ

ムを創出し社会実装する必要があるが，後になって想定外の大きなリスクに気づく可能性がある。想定外のことをできるだけ減らせるように，リスクを論理的・客観的にとらえ適切なリスクマネジメントを実践することは，持続可能な社会の実現に不可欠である。

■引用・参考文献

1 ）日本規格協会：対訳 ISO31000：2018（JIS Q 31000：2019）リスクマネジメントの国際規格，日本規格協会，2019，p.165.
2 ）厚生労働省：平成30年（2018）人口動態統計（確定数）.
　　https://www.mhlw.go.jp/toukei/saikin/hw/jinkou/kakutei18/（2023年 9 月11日）
3 ）厚生労働省：インフルエンザの発生状況について（令和元年 5 月24日）.
　　https://www.mhlw.go.jp/content/000509899.pdf（2023年 9 月11日）
4 ）警視庁：平成30年中の交通死亡事故の発生状況及び道路交通法違反取締り状況等について．https://www.npa.go.jp/publications/statistics/koutsuu/toukeihyo.html（2023年 9 月11日）
5 ）Slovic, P.：Perception of Risk. *Science*, 1987；36；279-285.
6 ）Epstein, S.：Integration of the cognitive and the psychodynamic unconscious. *American Psychologist*, 1994；49；709-724.
7 ）Sloman, S.A.：The empirical case for two systems of reasoning. *Psychological Bulletin*, 1996；119；3-22.
8 ）Kahneman, D.& Frederick, S.：Representativeness revisited：attribute substitution in intuitive judgment. *Heuristics and biases：The Psychology of Intuitive Judgment*, Cambridge University Press, 2002, pp.49-81.
9 ）楠見孝：科学リテラシーとリスクリテラシー．日本リスク研究学会誌，2013；23（1）；29-36.
10）日本学術会議：初等中等教育におけるリスク教育の推進，2023.
11）文部科学省：高等学校学習指導要領（平成30年告示）解説　家庭編，2018.
　　https://www.mext.go.jp/content/1407073_10_1_2.pdf.（2023年 9 月11日）
12）中谷内一也：リスク管理の基本的考え方と個人のリスク認知との齟齬．日本リスク研究学会誌，2009；19（1）；37-39.

第5章 生態系サービス

　人類の歴史とは，自然資源を利用していくための知恵や技術の進歩の歴史ともいえる。しかし，その歴史は自然資源の劣化・枯渇の歴史でもあり，自然の許容力を超えてしまった消費は，いくつかの古代文明を消滅させる原因となったといわれている。古代文明の消滅は，ある期間，特定の地域で起こった局所的な消滅で，現在問題となっているような永続的な地球規模の存亡ではなかった。自然資源とは自然からの恵みといわれてきたもので，今日では自然は人類の存続に必要な物質・非物質の両方のサービスを提供してくれているということから生態系サービスと呼ばれるようになった。

　これまで問題視されてきた生態系サービスの劣化・枯渇は，豊かな社会の構築や利便性を求めて行われてきた工業化・経済活動による自然環境破壊・エネルギー大量消費など原因が特定しやすいものであった。そのため，解決すべき課題の多くは，特定の業種・企業が抱える問題で，その解決法は法規制や工業的技術に頼ってきた。しかし，今日の世界規模で問題となっている生態系サービスの劣化・枯渇は，すべての人間活動に端を発している。原因は各自の日常生活に潜み，その解決法についても日常にあるので，法規制や工業技術だけでは解決することができない。持続可能な社会とは，生態系サービスの許容力を超えてしまうような成長・発展を行わないだけでなく，未利用な生態系サービスを開発し，より充実した生活をおくることのできる社会を構築・維持することである。その実現のためには，生態系サービスに関する課題を日常生活の中に落とし込み，SDGs の理念に沿った個人レベルでの問題解決が必要となってくる。

1 生物多様性

（1）生物多様性条約

　生物多様性（biodiversity）は，1992年リオデジャネイロで開催された国連環境開発会議（通称：地球サミット）において採択された「生物の多様性に関する条約（Convention on Biological Diversity, CBD, 略称：生物多様性条約）」において法的に定められた。生物多様性とは，「すべての生物（陸上生態系，海洋その他の水界生態系，これらが複合した生態系その他生息又は生育の場のいかんを問わない）の間の変異性をいうものとし，種内の多様性，種間の多様性及び生態系の多様性を含む」[1]と定義されている。つまり，一般に多種多様な生き物たちと表現される生物種間の異なりである種の多様性だけではなく，同じ生物種であっても個体ごとに生まれつきかたちや性質が違っている種内の異なりである遺伝子の多様性，そして生物同士の関係性やその生育に影響を及ぼす自然環境などの景観の異なりである生態系の多様性といった「三つの多様性（異な

図5-1　アサリ（手前）とハマグリ（奥）
　日本の代表的な二枚貝であるアサリ，ハマグリの両方を味わえるのは「種の多様性」，アサリ，ハマグリともに，同じ種でも一つとして同じ貝殻の模様がないのは「遺伝子の多様性」である。アサリ，ハマグリは海の珪藻（けいそう）類を餌にするが，森から河川を通じて流れてくる水中の有機懸濁物も餌にしてるので「生態系の多様性」がないと生きていけない。

り）」のことである（図5-1）。生物多様性条約では，生物多様性の保全，その構成要素の持続可能な利用や遺伝資源の利用から生じる利益の公正かつ衡平な配分を目標としている[1]。生物多様性は，かつては保護（人間が全く手を出さない）するものであったが，保全（人間が積極的に手を出す）するものとなり，今日では SDGs の観点から人類の利益のために積極的に利用する持続可能な開発対象となっている。

（2）生物多様性の階層性

　生物多様性は，種の多様性を基準とし，最下層は遺伝子の多様性，最上層は生態系の多様性からなる階層的構造（入れ子構造）となっているので，いずれの階層の崩壊も全体の多様性崩壊へとつながってしまう。

1）遺伝子の多様性

　同じ生物種であっても，個体ごとに生まれつきのかたちや性質が違うのは遺伝子の多様性のためである。遺伝子の多様性は，その生物種が環境の変化や病気が原因で絶滅してしまうのを防ぐために必要なだけでなく，新たな生物種への分化の要因にもなっている。遺伝子の多様性のおかげで，私たちが生きていけるだけでなく，豊かで潤いのある生活をおくることができる。例えば，ジャガイモには，さまざまなかたち，色・味の違う品種があり，料理によって使い分けることができる。作物に遺伝子の多様性があるおかげで潤いのある食生活をおくれるだけでなく，安定した作物栽培を可能にしている。19世紀にアイルランドで起こったジャガイモ飢饉[2]は，当時栽培されていたジャガイモが収量の多い品種に偏っていて，遺伝子の多様性がなかったために起こった悲劇である。この品種は病気に対しての耐性がないためアイルランド全域でジャガイモが壊滅状態となり，100万人にも及ぶ餓死者を出す大飢饉となってしまった。一方，ジャガイモの原産地である南米アンデスでは古くから多数の品種を同時に栽培し，経験的に特定の病原菌の蔓延を防いできた。人類は食料としている農作物の遺伝子の多様性を維持していかなくてはいけないことを過去の歴史から学んでいるが，最近では品種の画一化による遺伝的脆弱性や特定の優良品種による在来種の駆逐などの問題が生じている。

2）種の多様性

　種の多様性は，実態が伴うので他の多様性に比べて理解しやすい。種の多様性があるため，私たちはバラエティ豊かな食材を利用できるだけでなく，安定した生活をおくることができる。遺伝子の多様性で説明したアイルランドのジャガイモ飢餓[2]は，ジャガイモの病気だけが原因でなく，主食をジャガイモに頼り切っていたことも原因である。もしも，ジャガイモ以外にも多様な作物を栽培していたら，100万人もの餓死者を出すことはなかったかもしれない。

　地球上には多くの生物種が生育しているが，この種の多様性には偏りがあり，多様な生物が生育している地域は生物多様性ホットスポットと呼ばれている。種の多様性は，低緯度の熱帯で高く，高緯度の寒冷地や高山帯では多様性が低くなっている。必ずしも種の多様性は，その地域の生物学的な価値の指標にはならないことに注意が必要である。種の多様性の低い地域でも，その地域でしか生育できない固有種がいる場合があり，他の地域からの生物種の侵入は絶滅を招く危険性がある。

　絶滅のおそれのある野生生物はレッドリストやレッドデータブックで確認することができる。レッドリストは絶滅のおそれのある生物を，その危険度に応じてリスト化したものである。それに対して，レッドデータブックはレッドリストに掲載されている生物種の特徴，生態，分布や生育状況を解説したものである。レッドリストもレッドデータブックも，日本では環境省発行による日本国内全域のもの，また各地方自治体発行による都道府県独自のものがある。環境省や各都道府県が作成したレッドリストは，環境省自然環境局生物多様性センターのホームページから参照可能である[3]。

3）生態系の多様性

　生態系とは森林・草原・湖沼・河川など見かけ上の景観を一つの単位として，その景観の中に生育する生物とそれを取り巻く非生物的環境（土壌圏・水圏・大気圏）を総合的にとらえた機能的単位のことである。生物は同じ空間に生育する同種だけでなく，他の生物種とも何らかの相互関係をもっている。また，非生物的環境は，その空間に生育する生物にさまざまな影響を与えるだけでなく，生物からも影響を受け，時には生物によって大きく環境が改変される

こともある。そして，生物の中には，ある特定の生態系でしか生育することができない生物もいれば，いくつかの生態系を利用しないと生きていけない生物もいる。例えば，国の天然記念物であるニホンライチョウは，高山植物を主な餌としているので，高山帯でしか生息できない。トンボの仲間は，ヤゴ(幼虫)の時期は水田・湖沼・湿地などの水域の生態系で生育するが，成虫になると草原などの陸上の生態系を生活の場とする。このように特定の生態系だけでなく，異なる生態系が連結もしくは連続的に変化している環境が必要な生物もいる。

　人類は，自然環境を自分たちに都合のよい環境に改変してきたが，生きていくためには多様な生態系が必要である。日本は南北に長い島国なので北と南で，また日本列島の中央には大きな山脈があるため同じ緯度でも太平洋側と日本海側では全く異なる気候となっている。そのため，さまざまな生態系が成立し，それに適応した農業，生活が営まれているので，さまざまな食材を季節ごとに楽しむことができる。世界に類をみない多種多様な文化・風習が日本で育まれているのは，多種多様な生態系が日本列島にあるためといえる。

2　生態系サービス

　生態系サービスは，基盤サービスを土台とし，供給・調整・文化的サービスの4種類のサービスから成り立っている（図5-2）。また，現在は人間生活に

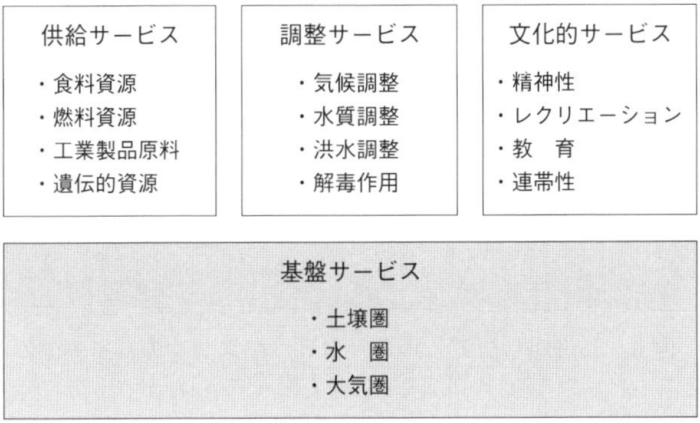

供給サービス	調整サービス	文化的サービス
・食料資源 ・燃料資源 ・工業製品原料 ・遺伝的資源	・気候調整 ・水質調整 ・洪水調整 ・解毒作用	・精神性 ・レクリエーション ・教　育 ・連帯性

基盤サービス
・土壌圏 ・水　圏 ・大気圏

図5-2　4種類の生態系サービス

（筆者作成）

価値あるものとして認識されていない有象無象の生物や非生物であっても，将来において経済的な利益をもたらす可能性がある。

（1）基盤サービス

　基盤サービスは，人類を含むすべての生物が生きるために必要な土壌圏・水圏・大気圏などの環境を提供し，供給・調整・文化的サービスの基盤となっている。地下水の過剰な汲み上げによって塩類が耕作地に集積すると農業が営めなくなり，ダム建設は河川と海の生物の移動や物質循環を阻害してしまうことがある。古代文明消滅の原因となった基盤サービスの劣化・消失は，かつては数百〜数千年のスケールで起こったが，近年では数十年の間に急速に起こっている。例えば，アラル海（ウズベキスタンとカザフスタンにまたがる塩湖）のように約半世紀の間に約5分の1にまで縮小した事例がある（図5-3）。ソビエト連邦時代に，綿花の栽培のためにアラル海へ流入する河川から大規模な灌漑

図5-3 消滅したアラル海（ウズベキスタンのムイナク）
ウズベキスタンとカザフスタン両国にまたがるアラル海は，かつては世界第4位の面積を誇った内陸湖であった。豊富な漁獲量を誇ったが，現在では干上がった湖底に漁船の残骸が置かれている。現在の湖岸は，はるか地平線の彼方となってしまい，かつて漁業で栄えたムイナクから見ることはできない。

が行われた結果，アラル海の水位は低下し，それに伴い魚が生息できないほどに湖水の塩分が濃縮された。そのため，綿花栽培も漁業も営まれなくなってしまった。今日，アラル海の環境破壊以上のスピードで進んでいるのが，地球温暖化である。人間活動によって排出された温室効果ガスが主な原因となっている地球温暖化は，基盤サービスを劣化・消失させる脅威となっている。

（2）供給サービス

供給サービスは，水産物などの食料資源，石油・石炭などの燃料，飲料水など直接利用可能なものから，鉱物・木材など工業製品や医薬品原材料など加工して利用するものまで，生態系を構成する生物や非生物から得られるサービスである。このサービスは経済的な利益として数値化しやすいため，最も恩恵を理解しやすい。人類は供給サービスを自然からの採取でまかなってきたため，その利用・加工の歴史が人類の歴史ともいえる。また，現在は人間生活に価値あるものとして認識されていない生物や非生物であっても，将来経済的な利益をもたらす潜在的価値をもっている可能性がある。例えば，新幹線の先頭車体をカワセミのくちばしに模したことによって空気抵抗が受けにくくなり，騒音問題を解消することができた。このように生物が有する機能を模倣することによって，新しい技術開発を行うことをバイオミミクリー（生物模倣）と呼んでいる。

（3）調整サービス

調整サービスは，気候調節・水質浄化・洪水制御など生態系プロセスから提供されるサービスである。生態系プロセスは，さまざまな生物による生産・消費・分解や，水・炭素・窒素などの物質循環である。生態系プロセスは，ダイナミックなスケールで時間をかけて起こるため，基盤サービスと同様に，サービスの恩恵や劣化・消失がわかりにくい。伊勢湾最奥部の庄内川・新川の河口部に位置する藤前干潟は，名古屋市のゴミ最終処分場として埋め立てが計画された。しかし，現在では渡り鳥の国際的な中継地であることからラムサール条約（正式名称：特に水鳥の生息地としての国際的に重要な湿地に関する条約）の登録地に認定されている。河川河口域の干潟は，水鳥を頂点とする生物多様性保全域であるだけでなく，陸域や河川では分解されずに運ばれてきた工場排水中

の化学物質，生活雑廃水中の有機・無機成分，農業排水中の余剰肥料成分など
の水質浄化システムの役割をもっている[4]。干潟に生息する藻類，植物プラン
クトンなどや，海底の砂地に生息する甲殻類・貝などの底生生物（ベントス）
によって，陸域や河川から負荷されたさまざまな物質は無機化され海域に流れ
たり，ガス化して大気に放出されたりすることによって海域の汚染を防ぐ役割
をもっている。貝類は水産資源の供給サービスだけでなく，水質浄化の調整
サービスも担っている[4]（図5-1）。

（4）文化的サービス

　文化的サービスは，景観・樹木・巨石などの自然の造形物などに，精神性・
レクリエーション・教育・連帯性などの文化・宗教的な価値があるとするサー
ビスである。文化的サービスは非物質的価値であるが，経済効果が期待できる
ものがある。古くから山岳信仰の対象となっている御嶽山（岐阜県と長野県に
またがる活火山）は，参拝客だけでなく，観光目的の登山者によって地域経済
の一部を担っている（図5-4）。また，文化的サービスは，娯楽として自然環
境を楽しむだけでなく，昆虫や小動物を観察したりすることによって，生き物
のしくみや生命倫理を学ぶためのよい教材となる。さまざまな自然と親しむこ

図5-4　御嶽山
　御嶽山は山岳信仰の対象となっているだけでなく，トレッキングや紅葉を楽しむ
人たちで賑わっている。

とによって数値化できない情緒・芸術性などの育成が期待できる。ただし，先の3種類のサービスとは異なり，文化的サービスの価値は，人種・文化・時代・経済状況などによって異なるため，その保全に対して万人からの理解を最も得にくいサービスといえる。

3 持続可能性

（1）ファンドとストック

生態系サービスの源となる自然資本には，水資源や水産・森林資源のように原資（基金）が枯渇しないように再生分のみを消費していれば持続的利用が可能なファンドと，石炭・石油のように有限で枯渇すれば再生不可能なストック（資源）に分けることができる[5]。本来，ファンドは消費と再生のバランスがとれていれば再生可能な自然資本なので，劣化することはあっても消滅することはないと考えられていた。しかし，前節「（1）基盤サービス」で説明した大規模灌漑による水資源の過剰な利用は，アラル海の悲劇を招いた。一方，人間が消費し尽くしてしまうと，どのような手段を用いても再生不可能な自然資本がストックである。ストックである自然資本の持続可能な利用のためには，節約・抑制・効率化しかない。なぜなら，石油のようなストックである自然資本の代替はきわめて困難か，もしくは代替は限定的であるためである[5]。

日本国内の森林資源は，再生可能なファンドである。日本は経済大国でありながら，森林との共生を基本とした文化が育まれてきたと考えられている。

タットマンによれば，日本では壊滅的な森林破壊の歴史が有史以来三度あり，必要に迫られて森林の回復に立ち向かった歴史があるという[6]。

古代（600～850年）には，大陸からの大規模建築技術の導入，律令国家体制に向かう中，奈良・京都近郊では過剰な木材伐採が起こった。ただし，深刻な森林消失はおおむね畿内盆地に限られていて，その後の森林消失に比べると最も軽度であった。近世（1570～1670年）になると日本中の人的資源と天然資源を総動員するだけの権力をもった豊臣秀吉による乱世の平定後に起こった記念建築物の建造，その後の徳川家康による江戸幕府の創設による大規模建設事業，各地の大名による城郭・邸宅・社寺・城下町の建設に伴う大規模伐採が行

われた。その結果，約100年の間に，列島のほとんどの高木林が伐採された。明治以降，官民挙げての植林によって国内の森林資源は一度は回復した。しかし，太平洋戦時下での軍事用材調達のための強制伐採や戦後復興期の燃料不足による森林の過剰伐採が行われた。

　これら三度の森林破壊の歴史を経て，その後の植林事業によって，現在では国土の3分の2が森林となっている。世界屈指の森林大国となるまで回復できたのは，森林の生育に適した温暖湿潤な自然環境だっただけでなく，官民共同での植林事業が実施されたおかげでファンドである森林資源を枯渇させることなく，回復することができたといえる。

　現在，地球規模で危惧されているのは，本来は再生可能なファンドであったはずの自然資源がストック化することである。ファンドのストック化を防ぎ，持続可能な利用が可能な社会とするために必要な理念がSDGsである。

（2）ポイントソースとノンポイントソース

　生態系サービスの源となる自然資本を劣化・消失させていたのは，かつては公害問題のように，その汚染源が明確で，特定可能なポイントソースであった。そのため，その原因を取り除けば，問題は解決していた。しかし，今日問題となっているノンポイントソース（非特定汚染源負荷）は，汚染源が特定できないため，法規制や工業技術によって解決することが難しいものである。また，個別の汚染源からの排出は少量であるため，当事者が気づきにくい。例えば，農地や家庭からの雑排水や自動車排気ガスなどのように個々のレベルでの汚染負荷が軽くても，それが合わされば深刻な汚染となる場合がある。

　ノンポイントソースの多くは，日常生活の中に潜んでいるので，法規制や工業技術に頼らない個人レベルで解決可能な方策を見出す必要がある。

（3）エシカル・チャレンジ

　生態系サービスの課題に気づき，解決するためには，トポフィリア（自分が住む場所に対しての愛），シビック・プライド（自分の住む街に対しての誇り）を育成し，エシカル・チャレンジ（倫理的・道徳的な挑戦）による取り組みが必要である。エシカル・チャレンジは，生態系サービスに対しての必要以上の欲望を正し，抑制するということだけではない。環境倫理学の主要な主張の一つ

である人間以外の生物，そして生態系まで含めた自然に対して「生存権」を認めるべきという視点が必要になる。環境倫理は，社会からの押しつけではなく，自発的に萌芽させ，実践していく時代になっているといえる。

2000（平成12）年9月の東海豪雨によって発生した土岐川・庄内川源流の山林崩壊は，植林地の手入れ不足が主な要因になっていると考えられた。そこで，源流域の植林地の手入れ状況，森林が保有している水源かん養機能，緑のダム効果を産学官民で調査する「土岐川・庄内川源流域　森の健康診断」[7]が2005（平成17）年から10年間毎年開催された。この活動は，供給サービスである森林資源だけでなく，洪水調整機能といった調整サービスの現状を評価し，改善しようというものであった。さらに，山林崩壊の危険性のある地域を明らかにし，地域の防災意識の向上，トポフィリアの育成に貢献できた。

この活動の原動力になったのは，シビック・プライド，エシカル・チャレンジだった。エシカル・チャレンジとは，すべての元凶は人類にあるとする自虐史観的な批判意識をもって，自然に対して人類が犯した罪を贖罪するための行為ではない。生物多様性に担保された生態系サービスの持続可能な開発のために，全人類が有史以来初めて地球規模で取り組むべきエシカル・チャレンジである。そして，人類が目指す持続可能な社会とは，地球規模での危機に対して停滞せずに，さまざまな環境変化に対して適応し，即座に回復可能な「レジリエントな生活」をおくれる社会を構築することでもある。

■引用・参考文献
1）環境省自然環境局生物多様性センター：生物多様性条約.
　　https://www.biodic.go.jp/biolaw/jo_hon.html（2023年9月18日）
2）稲垣栄洋：ジャガイモ. 世界史を大きく動かした植物，PHP研究所，2018，
　　pp.86-109.
3）環境省自然環境局生物多様性センター：レッドデータブック・レッドリスト.
　　https://ikilog.biodic.go.jp/Rdb/booklist（2023年9月18日）
4）南基泰・上野薫・山木昭平：環境生物学序論改訂版，風媒社，2015.
5）丸山徳次：持続可能性の理論と里山的自然. 牛尾洋也・鈴木龍也編著：里山の
　　ガバナンス―里山学のひらく地平―，晃洋書房，2012，pp.3-25. 所収

6）コンラッド・タットマン，熊崎実訳：日本人はどのように森をつくってきたのか，築地書館，1998.

7）上野薫・南基泰：土岐川・庄内川源流域　森の健康診断―恵那の森からの学び―，風媒社，2016.

＊第5章の掲載写真は，すべて筆者提供による。

第6章
生活の中のつながり—人と人，人と社会—

　社会はこれからも個人化と多様化の方向に進み，デジタル技術はさらに発展するだろう。しかし，どのように生活が変化したとしても，人は一人では生きていけない。生活とは，人と人がつながり，支え合うことによって営まれるものであり，日々の生活の営みによって社会は形成されている。生活の中での人とのつながりが社会とのつながりの実体であり，一人一人が社会とつながることによって，誰もが持続可能な社会を形成する主体となり得るのである。

　本章では，人が生きる上で欠くことのできない人間関係が社会や法制度の変化とともにどのように変容してきたかを述べ，孤独・孤立といった問題が顕著になっている現状を乗り越えて，人が本来の豊かなつながりを取り戻すために，どのようなことが考えられるかについて検討する。

1 社会の変化と人間関係

（1）都市化によるコミュニティの変容

　1950年代から1970年代にかけて，日本経済は飛躍的な発展を遂げた。高度経済成長期といわれるこの時期，農業などを中心とした第一次産業社会から，製造業などの第二次産業社会，サービス業などの第三次産業社会へと産業構造が転換した[1]。日本の産業の中心を担ってきた農村部の農業従事者の多くが工場や企業等で働く雇用労働者として動員され，人口が都市部へと集中することで都市化が進行した。

　第一次産業を中心とした社会では，土地と生活の結びつきは強く，家族は生産単位として自給自足的な生活を営んでいた。地縁と血縁によって結ばれた運命的・継続的な人間関係は，何かとお互いに助け合う互助的な関係であった。一方，第二次産業，第三次産業を中心とした社会は，仕事を求めて移り住んできた人たちが集まってコミュニティが形成され，選択的・一時的な人間関係の

下，人々の個人志向も高まる中で，「困ったときはお互いさま」と気楽に助け合うような関係性は薄れていった。

秋元[2]は，1969（昭和44）年の「国民生活審議会調査部会」小委員会の報告書「コミュニティ―生活の場における人間性の回復―」[3]の一説を引用し，「『かつて地域共同体は，伝統型住民層によって構成されていた。これが崩壊していく現代を第二段階とすれば，ここに圧倒的な無関心住民が生まれ出ることになった』。そして，『来るべき第三段階においては……市民型住民層に支持を受けたコミュニティが成立しなければならない。』とうたっている。もともと共同性の希薄な大都市において，地域性が拡散し，個人の砂粒化がすすんでいったとき，このようなコミュニティの現実が改めて問題になり，その再編が日程にのぼってきたのは，いわば当然のことといえるかもしれない。言葉をかえていえば，それほどコミュニティの崩壊がすすんでしまったといえよう」と，コミュニティの変容を論じている。

急速な都市化によるコミュニティの変容は私たちの生活や人間関係に大きな影響を及ぼし，1970年代にはコミュニティづくりが課題となっていたことがわかる。その後も，「市民層に支持を受けたコミュニティの成立」がないままの地域のつながりの希薄化は，さらに深まっていった。

2000年代に入ると，深刻化する少子化や孤立した子育てへの対策として，政府の「地域子育て支援事業」によって，全国の市町村（特別区を含む）で子育ての支え合いや親子の居場所づくりが進められた[4]。かつては地域コミュニティの中で自然に行われていたことを，人間関係が希薄化した現代の社会の中でどのように再構築し，サポートしていくのか。SDGsの目標（GOAL）11「住み続けられるまちづくりを」が目指す「包摂的で安全かつ強靱（レジリエント）で持続可能な都市及び人間居住の実現」にもつながる社会課題である。

（2）デジタル社会と人間関係

近年の生活の変化を考えるときに，誰もが思い浮かべるのが社会のデジタル化の進展であろう。社会のデジタル化とは，情報通信技術（ICT，p.101参照）や人工知能（AI）等のデジタル技術の活用が社会生活全般に広がり，さまざまなサービスやコミュニケーションに活用される状況をいう。ICTは日常的な

つながりに不可欠となり，インターネットやスマートフォンなどの通信インフラの普及は私たちの生活や人間関係のあり様を一変させた。

　総務省[5]によると，1990年代に商用サービスが開始されたインターネットの利用率（個人）は，2022（令和4）年には84.9％となっている。普及の要因の一つに，パソコンなどの固定通信から携帯電話などの移動通信への変化があげられ，スマートフォンの登場によってさらに加速化された。また，インターネットを利用して誰でも気軽に情報を発信し，相互のやりとりができる双方向メディアが登場し，スマートフォンの世帯保有率は2010（平成22）年の9.7％から2022年には90.1％と，この10余年で飛躍的に普及している。

　インターネットやSNSの普及によって，人との出会いや交流の機会は拡大し，対面でのつながりを超えた人間関係をもつことが可能になった。日常生活の現実（リアル）の人間関係に問題や困難を抱える人が，ネット上で理解者に出会えたり，自分の居場所をみつけられたりすることもある。

　一方で，ネット上でのつながりやすさや不特定多数の人との交流によって，個人情報の流出，個人攻撃や誹謗中傷，なりすましなどの人間関係トラブルに巻き込まれ，深刻な問題に発展するケースもみられる。その一例として「デジタル・タトゥー」という問題がある。これはインターネット上で拡散された情報は完全に削除することが不可能であることを入れ墨に例えた言葉である。ネット上に残り続ける偽情報や望まない情報によって，その後の人間関係や人生に多大な影響を及ぼすような事態も起きている。

　また，"いつでも""どこでも"つながることができる人間関係の常時接続化は，「既読スルー」や「いいね！」などのSNS特有のコミュニケーションを生成し，"つながらない""承認されない"ことに対する不安を高め，「ネット依存」や「スマホ疲れ」などの問題を生み出している。学校の友人関係がネット空間での関係性と融合し，「LINE外し」や「ネットいじめ」など，いじめが深刻化するケースもみられる。土井[6]は多くの子どもたちにとって，ネットを介したコミュニケーションの主たる目的は，何か特定の用件を相手に伝えることにではなく，互いに触れ合うことにあり，コミュニケーション自体が目的であること，それゆえに常時接続へのプレッシャーが強まって，つながり依存

に陥りやすいことを考察している。

　インターネットの特徴には集約機能もあげられる。その一つの例としてあげられるのが，2017（平成29）年から米国で急速に広まった「#Me Too運動」である。それまで個人の問題として社会的な課題になりにくかった性暴力やハラスメントの被害経験がインターネット上で共有され，人々の間に連帯を生みだした。一方で，その人にとって好ましい情報が優先的に提示されるという集約機能は，自分の好むものや考えの似ている人とのつながりを強化し，自分とは相反する意見や価値観をもつ人への批判や排除を助長する方向に働くこともあり，社会的分断につながるおそれもある。ネット上の人間関係においては，さまざまな状況や立場に置かれている人々に対する想像力や共感力をもつことが，なお一層求められる。

　予想をはるかに超えたスピードでデジタル技術の革新が進み，近年身近な存在になりつつある AI 技術の発展はコミュニケーション革命ともいわれる状況をもたらしている。これらの急速に進展するデジタル技術をどのように私たちの生活の中に取り入れていくかについては，倫理上の問題，法的な整備等を含め，さまざまな観点からの検討が必要である[7]。第一歩として，デジタル技術やそこでの人間関係，コミュニケーションの特徴を正しく理解することが重要である。デジタル社会がより豊かな人間関係を創造するものであるためには，私たちの主体的な関与が求められる。

2　家族・家庭生活における人間関係

（1）法制度と家族関係

　日本の家族のあり方や家族関係には，江戸期からみられる儒教思想をもとにした日本特有の「家」制度が大きな影響を与えている。「家」制度とは，個人よりも「家」が重視される家族のあり方であり，1898（明治31）年に施行された民法で政府公認の家族制度として定着した。一家の長である家長（＝戸主）が絶対的な権力をもち，跡取りである嫡出の長男が筆頭相続人となって，家名，家産，家業など「家」にかかわるすべての権利義務（家督）を単独で相続した。戸主には「戸主権」が与えられ，「親権」，「夫権」をもち合わせていた。

これらは男尊女卑の考え方に基づくものであった[8]。

　このような家族員の不平等を容認する「家」制度が廃止されるのは第二次世界大戦の敗戦後のことである。日本社会の民主化を目指し，1946（昭和21）年に日本国憲法が公布され，「個人の尊厳」と「両性の本質的平等」が定められた。新憲法の理念に基づいて，1947（昭和22）年には改正民法が施行され，日本の家族のあり方を長らく規定してきた「家」制度が廃止されたのである。

　これにより，父親としての支配権，夫の支配権，長男の優越権は廃止され，家族内の人間関係は平等なものになった。戦後日本が目指した民主的な社会の形成は，民主的な家族の形成と不可分に結びつくものであり，このようにして日本社会は男女平等社会の実現に向けて歩み始めたのである。

　戦後半世紀を経た1999（平成11）年には，「男女共同参画社会基本法」が制定され，男女共同参画社会の実現に向けて，法整備が進められてきた。しかし世界経済フォーラムが毎年公表しているジェンダー・ギャップ指数（GGI）[*1]において，2023（令和5）年，日本は146か国中125位と過去最低を記録している。とりわけ「経済」分野と「政治」分野の男女格差が大きい[9]。女性の管理職や議員・閣僚が少ないことが直接の要因であるが，その背景にあるのは，日本社会の性別役割分業意識の根強さや男性優位の社会のあり方である。

　SDGsはGOAL5に「ジェンダー平等を実現しよう」をあげている。家族や家庭生活は夫婦関係を中心に性別役割分業の拠点にもなっており，親子関係を通じてジェンダー意識を再生産する場としても機能している。最も身近な生活の場である家族・家庭生活において，互いを尊重し，平等な人間関係を築くことが持続可能な社会の形成にもつながるのである。

（2）世帯の動向と家族関係

　世帯とは，「住居及び生計を共にする者の集まり又は独立して住居を維持し，若しくは独立して生計を営む単身者」のことを指す[10]。家族や家庭と類似した概念で家族と世帯は重なる部分が多い。「誰を家族ととらえるのか」について

＊1　ジェンダー・ギャップ指数：経済，教育，健康，政治の分野ごとに各使用データをウェイトづけして算出している。男性に対する女性の割合を示し，0が完全不平等，1が完全平等を表している[9]。

の認識を共有することは意外と難しく，政府は世帯という単位を用いてその実態をとらえている。

　総務省「国勢調査」[11] をもとに構造別にみた世帯割合の推移をみると，核家族世帯の割合は1955（昭和30）年から1960年代にかけて緩やかに上昇を続け，1985（昭和60）年の61.1％でピークに達した。この時期，産業構造の変化に伴って，地方を離れ都市部に働きに出た若者たちが結婚して核家族を形成することで核家族化が進行し，三世代世帯のような親族世帯は減少した。その後，核家族世帯割合は減少傾向になり，2020（令和2）年は54.2％となっている。現代の生活スタイルの特徴は単独世帯の急増である。2020年には38.1％と最多の世帯類型になっている。1980（昭和55）年に42.1％で最多であった夫婦と子どもからなる世帯は25.1％にまで減少しており，人々の暮らし方や生活スタイルが大きく変化していることが読み取れる（表6-1）。

表6-1　家族類型別世帯割合の推移 (％)

| | 単独世帯 | 核家族世帯 | | | | その他の世帯 |
		夫婦のみ世帯	夫婦と子どもからなる世帯	ひとり親と子どもからなる世帯	小計	
1980年	19.8	12.5	42.1	5.7	60.3	19.9
2020年	38.1	20.1	25.1	9.0	54.2	7.7

出典）総務省統計局.

　男女別に年齢による単独世帯数の推移をみると，1980年代には男女ともひとり暮らしは20歳代の生活スタイルであったが，現在では全年齢層で増加している。国立社会保障・人口問題研究所[12] によると，2030年には単独世帯割合は約4割にまで増加し，高齢者，特に女性の80歳以上で最も多くなると推計されている。この人口動態的な背景として，未婚化・晩婚化，離婚の増加，高齢化などがあげられる。

　世帯構成の単純化や世帯人数の縮小化は地域の人間関係のあり方にも影響を及ぼしている。一人での生活は自由で気軽ではあるが，ときに孤独や孤立につ

ながることもある。身近な生活の場である地域の中に，"挨拶をする""世間話をする"というような緩やかな関係をもっておくことは社会的孤立を予防し，いざというときのリスクマネジメントにもなる。誰もが孤立することなく，気軽に頼り合うことのできる社会のしくみづくりに，地域住民の一人として主体的にかかわることも重要である。普段の生活の中での何気ない人とのかかわりは，私たちが想像する以上に重要な役割を果たしているのである。

3　人間関係の希薄化による孤独・孤立

（1）孤独・孤立をめぐる社会的背景

　都市化やデジタル化，法制度，世帯構造などの社会的な要因が相互に関連し合って，人と人との関係性やつながりは希薄化してきた。終身雇用が崩れ，非正規雇用が増えるなど労働をめぐる環境も大きく変化している。このような社会情勢を背景として，地域や家庭，職場において，人々がかかわり合いをもつことによって問題を共有しつつ相互に支え合う機会が減少し，人々が「生きづらさ」や孤独・孤立を感じざるを得ない状況が生じていることが指摘されている[13]。また，2020（令和2）年以降の新型コロナウイルス感染症拡大は，外出自粛などによりそれまでの社会環境等で孤独・孤立を感じやすくなっていた社会に内在していた孤独・孤立の問題を顕在化，あるいはより一層深刻化させる契機になったと推察されている[13]。

　大空[14]によると，「孤立」とは，家族やコミュニティとの接触がほとんどない状態という客観的概念である。「孤独（loneliness）」とは主観的概念であり，社会的関係の不足から生じる苦痛なもの，すなわち頼りたくても頼れない，話したくても話せないという「望まない孤独」のことである。近い概念に solitude があるが，これは自ら一人でいる状態，すなわち「望んだ孤独」で，日本語にあてると，「孤高」という言葉が近い。大空は，孤独や孤立，loneliness と solitude などが概念整理されずに混同されてきた結果，周りに人がいても誰にも頼れず「望まない孤独」を抱え苦しんできた若年層に支援が届かなかったと省察している。

　望まない孤独や孤立の状況は心身の健康に悪影響をもたらすことが明らかに

なっており，孤独・孤立の問題は社会全体で対応していくべき健康問題として
認識されている。イギリスでは「孤独は現在の公衆衛生上，最も大きな課題の
一つ」として，2018（平成30）年に世界で初めて孤独の問題を担当する孤独問
題担当大臣が任命された。イギリスばかりではなく，アメリカやオーストラリ
アでも「孤独は病いを呼ぶ」と見なされ，対策がとられている[15]。新型コロナ
ウイルス感染症拡大の影響が長期化し，孤独・孤立の問題がより一層深刻な社
会問題になっていること受けて，日本においても，2021（令和3）年に世界で
二番目となる孤独・孤立対策担当大臣が任命され，内閣官房に孤独・孤立対策
担当室が立ち上げられた。

（2）孤独・孤立の実態

　内閣官房孤独・孤立対策担当室は2021年から「孤独・孤立の実態把握に関す
る全国調査（人々のつながりに関する基礎調査）」を実施している。2022（令
和4）年の調査では，「あなたはどの程度，孤独であると感じることがありま
すか」という問いに対し，「しばしばある・常にある」と回答した人の割合は
4.9％，「時々ある」15.8％，「たまにある」19.6％であった。「しばしばあ
る・常にある」は20歳代，30歳代で高くなっている（図6-1）。孤独感が「し
ばしばある・常にある」と回答した4.9％の人の属性別の調査結果から，"相
談相手のいない人""心身の状態がよくない人"が多いという傾向がみられた[16]。

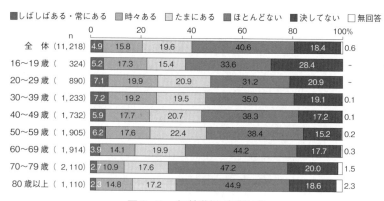

図6-1　年齢階級別孤独感

出典）内閣官房：人々のつながりに関する基礎調査（令和4年）調査結果の概要，2023，p.7.

　孤立の状況として，家族・友人等とのコミュニケーション頻度について，同居していない家族や友人と直接会って話すことが「全くない」人の割合は10.6％であった。行政機関やNPO（民間非営利組織）等からの支援の状況について，日常生活に不安や悩みを感じていることが「ある」人（75.6％）のうち，行政機関・NPO等からの支援を受けている人は6.9％で，支援が必要な状況にありながら誰にも頼れずにいる人が多数いるであろうことがうかがえた[16]。

　内閣府「令和3年度高齢者の日常生活・地域社会への参加に関する調査」において，高齢者が生きがいをもって満ち足りた人生を送るためには，身近な地域での居場所や役割，友人・仲間とのつながりをもつこと，デジタルデバイド*2解消に向けた支援等が重要となってくることが報告されている[17]。孤独・孤立はすべての世代にみられる問題であることから，これらの支援はあらゆる世代において重要であるという認識が必要である。

4　人と人とのつながり，人と社会とのつながり

　新型コロナウイルス感染症の拡大による外出自粛や三密の回避は，生活の中での人や社会とのつながりが，自分自身や社会にとってどのような意味をもっていたのか，考える機会になったのではないだろうか。

　社会的孤立を防ぎ，人と人，人と社会をつなげるために，行政やNPOを中心として，社会的交流や社会参加を促進し，社会的サポートを充実するためのさまざまな取り組みが行われている。住民によるまちづくりでは，通院や買い物の支援，ふれあいや見守り，地域の魅力の発信など，地域のニーズに対応した多様な取り組みが展開されており，企業や大学などとの連携も進められている。SDGsへの社会的関心の広がりにより，「持続可能な社会を形成する」という社会の未来像が，個人，コミュニティ，企業，社会において共有されてきている。

　国は，認知症の人の意思が尊重され，できる限り住み慣れた地域のよい環境

---

*2　デジタルデバイド：コンピュータやインターネットなどの情報技術を利用したり使いこなしたりできる人とそうでない人の間に生じる，貧富や機会，社会的地位などの格差。個人や集団の間に生じる格差と，地域間や国家間で生じる格差がある[18]。

で自分らしく暮らし続けることができる社会の実現を目指し，認知症の人やその家族が，地域の人や専門家と相互に情報を共有しお互いを理解し合う「認知症カフェ」の設置を推進している。「認知症カフェ」は，認知症の人にとっては自ら活動し楽しめる場所，家族にとってはわかり合える人と出会う場所，専門職にとっては人としてふれあう場所であり，住民同士のつながりの再構築の場所にもなっている[19]。

横浜市磯子区のマンション群の自治会では中高生，大学生が役員に就任したという[20]。これからの社会を担う若者世代が自治会の活動に興味をもち，愛着を感じ，地域への貢献を実感する経験は，地域の一員，社会をつくる主体であることの自覚にもつながるであろう。社会のデジタル化が進む中，若者がシニア世代にスマートフォンの使い方を教える活動も増えている。こうした活動はシニア世代のデジタルデバイドの解消に役立つだけではなく，若者にとっても社会参加や世代間交流の機会になっている。

孤独対策先進国のイギリスでは，国内最大手のコーヒーチェーン店であるコスタコーヒーが，店内に「おしゃべりテーブル」を設けた。しくみはシンプルで，店内のテーブルの一つを客同士が互いに顔を合わせて会話をするための専用の場所とするというもので，誰もが気軽に立ち寄って話ができることで，孤独を撲滅しようという取り組みである[15]。

アメリカの社会学者エリック・クリネンバーグ[21]は，孤立を防ぐための社会的インフラの重要性を主張している。図書館や公園，学校，地元のレストラン等の場での交流は社会的な生活の基本であり，健全な社会的インフラがある場所では人間同士の絆が生まれる。コミュニティをつくろうと思うからではなく，継続的かつ反復的に交流すると（特に自分が楽しいと思う活動のために），自然に人間関係が育つからであると論じている。

個人化と多様化が進み，一人でも生活できる社会において，日々の生活における活動の場での交流が，このように，人と人，人と社会とのつながりを創出している。誰もが，豊かなコミュニティ，持続可能な社会を形成する生活主体としてかかわり合い，支え合いながら，生きているのである。

■引用・参考文献

全編を通して

・外務省：持続可能な開発目標（SDGs）と日本の取組.
https://mofa.go.jp/mofaj/gaiko/oda/sdgs/pdf/SDGs_pamphlet.pdf（2023年9月29日）

・大空幸星：望まない孤独，扶桑社新書，2022.

1）総務省統計局：国勢調査　変化する産業・職業構造. https://www.stat.go.jp/data/kokusei/2005/sokuhou/03.html（2023年9月29日）

2）秋元律郎編：現代社会学，有斐閣選書，1990，pp.93-94.

3）国民生活審議会調査部会コミュニティ問題小委員会：コミュニティ―生活の場における人間性の回復―. 1969.

4）厚生労働省：地域子育て支援事業. https://www.mhlw.go.jp/content/000666540.pdf（2023年9月29日）

5）総務省：情報通信白書令和5年版，第4章第11節デジタル活用の動向. https://www.soumu.go.jp/johotsusintokei/whitepaper/ja/r05/pdf/n4b00000.pdf（2023年9月29日）

6）土井隆義：つながりを煽られる子どもたち―ネット依存といじめの問題を考える―，岩波ブックレット，2014.

7）理化学研究所：AI時代が問いかける人と社会の未来像. https://www.riken.jp/pr/closeup/2021/20210804_1/index.html2023（2023年9月29日）

8）松信ひろみ編：近代家族のゆらぎと新しい家族のかたち　第2版，八千代出版，2016.

9）内閣府男女共同参画局：男女共同参画に関する国際的な指数. https://www.gender.go.jp/international/int_syogaikoku/int_shihyo/index.html（2023年9月29日）

10）厚生労働省：用語の説明. https://www.mhlw.go.jp/toukei/list/dl/20-21-yougo_h25.pdf（2023年9月29日）

11）e-Stat：国勢調査　時系列データ　世帯ファイル. https://www.e-stat.go.jp/stat-search/files?page=1&layout=datalist&toukei=00200521&tstat=000001011777&cycle=0&tclass1=000001011805&cycle_facet=tclass1&tclass2val=0（2023年9月29日）

12）国立社会保障・人口問題研究所：日本の世帯数の将来推計（2018年推計）. https://www.ipss.go.jp/pp-ajsetai/j/HPRJ2018/houkoku/hprj2018_houkoku_honbun.pdf（2023年9月29日）

13) 横山美江：「孤独・孤立」をめぐる社会背景と政策. Nursing Today　孤独と孤立，日本看護協会出版会，2023；ブックレット・19；53-63.

14) 大空幸星：「望まない孤独」に必要な予防型の孤独対策. Nursing Today　孤独と孤立，日本看護協会出版会，2023；ブックレット・19；17-27.

15) 多賀幹子：孤独は社会問題―孤独対策先進国イギリスの取り組み―，光文社新書，2021.

16) 内閣官房：孤独・孤立の実態把握に関する全国調査（令和4年）. https://www.cas.go.jp/jp/seisaku/kodoku_koritsu_taisaku/zittai_tyosa/zenkoku_tyosa.html（2023年9月29日）

17) 内閣府：令和4年版高齢社会白書（概要版）. https://www8.cao.go.jp/kourei/whitepaper/w-2022/gaiyou/pdf/1s3s.pdf（2023年9月29日）

18) IT用語辞典 e-Words：デジタルデバイド. https://e-words.jp/w/%E3%83%87%E3%82%B8%E3%82%BF%E3%83%AB%E3%83%87%E3%83%90%E3%82%A4%E3%83%89.html（2023年9月29日）

19) 厚生労働省：認知症カフェ実施（概要）. https://www.mhlw.go.jp/content/000935275.pdf（2023年9月29日）

20) 朝日新聞：自治会活性化「学生役員」の風，2023.5.22付（横浜地域面）.

21) エリック・クリネンバーグ著，藤原朝子訳：集まる場所が必要だ　孤立を防ぎ，暮らしを守る「開かれた場」の社会学，2021.

第7章 子どもの成長・発達と生活

　人間の生活が人間らしく持続するためには，生殖による生物学的な種の保存に加え，社会的・文化的な継承を含む子育ておよび学校教育によって世代を継承することが必要である。人間は誰も子どもとして誕生し，大人の苦労を伴う養育と教育によって育つ。ここではまず，概して観念的にとらえられている「子ども」が，人間の生涯のどの時期までを意味するかを考えてみたい。当然のことだが，子どもはある日を境に大人に変貌するわけではない。子どもとは人生のどのような時期を指し，大人とは何が異なるのだろうか。そうした「子ども」という概念について明確な定義はなされていない。それは，個々人のもつ子どものイメージが一様でないだけでなく，社会の複雑なしくみの中で，子どもの占める位置や大人による子どもという存在の意味づけも多様だからである。

　そこで本章ではまず，社会における子どもの多様なとらえ方を整理し，人はいつまで子どもなのかを考える端緒としてもらいたい。次いで，子ども期の成長・発達の道筋を，主として変化の最も著しい乳幼児期に焦点化して年齢ごとに述べることとする。

　現代は男女ともに職業に従事する傾向が高まり，低年齢から保育所での保育を受けるケースが増加しているが，ここでは2歳児までの家庭での養育および幼児教育対象年齢（3〜5歳児）における教育と成長・発達を概観する。

1 子どもの成長・発達

（1）人間はいつまで「子ども」でいるのか

　冒頭で述べたとおり，子どもはある一日，あるいは非常に短期間に大人に変貌するわけではなく，生涯の時間軸においてゆっくり着々と変化していく。その変化の内実は，目に見える身体的な発達だけでなく，知性，感覚の分岐，人

表7-1　社会的な「子ども」とされる年齢

分　野	生活上の区切り	年　齢
医　療	小児科の診療対象	15歳まで
児童福祉	児童養護施設入所可能年齢	自治体・施設が自立可能と判断するまで
民　法	選挙権	18歳未満
刑　法	少年法適用	20歳未満

（筆者作成）

間関係など不可視な発達もあり，生活環境の影響を受けながら発達が進むため個人間差も大きい。大人と子どもを隔てる差異は多様であるが，まず現代の日本社会で多くの人が日常的にかかわりをもちやすい医療，福祉，法の観点から，子どもと大人を分ける境界を整理してみる。

　表7-1をみると，日本の現代社会で人が子どもとして扱われる年齢が一律ではないことがわかる。小児科の受診は，明確に15歳までと規定されているわけではなく，あくまで目安として各医療機関の判断に委ねられている。一方で児童養護施設は，18歳に達した者は高校を卒業した年度末に退所し，家族の元へ戻るか独立して生計を立てなければならなかったが，親も施設も頼ることができない状態で生活困窮に陥り孤立していく若者の問題を解消すべく，2024（令和6）年4月施行の改正児童福祉法で退所年齢の上限が撤廃され，自治体等が自立可能と判断するまで入所し，支援を継続して受けられることとなった。この法改正は，18歳（高校卒業年次）をもって子どもが自立し，独立した生計を立てて生きていくことの困難さを，国が認めたことを示している。民法および刑法でも，該当年齢に達した誕生日から，明確に社会における個人間の位置づけが変わり，判断主体としての責任を有することになる。したがって法的には，「少年A」がある日を境に「固有名を冠した一個人」となる。

　このように，観点によって子ども期が異なるという現実は，人間社会の複雑さを表しているだろう。子どもと大人の時間的境界が誰にとっても曖昧なのも，このためである。

（2）誕生から生後1年の成長・発達と養育

　人間はおよそ3kg/50cmで誕生し，1年間で身長が約1.5倍，体重は約3倍になる。生後3か月頃から人間の顔を見て微笑むようになり，生後6か月頃からは人間の顔の識別が可能になる。この頃には支えがなくても座位がとれるようになり，歯も生え始め，離乳食が開始される。母乳またはミルクに加え，誕生から半年で座って食べることが可能になる。その後這い這いができるようになり，生後7，8か月頃から愛着を形成し始めた特定の大人の後を追うようになる。

　特定の大人に愛着を形成することが，その後の人生における人間関係のもち方に強く影響することが，明らかにされてきた[1]。この特定の大人とは血縁の有無によらず，最も身近で日々の養育行為を絶え間なくしてくれる大人である。人間の子は自身の存在と生活の質に最も影響を与える重要な大人によって育てられ，愛着を形成することが，その後の長い人生における人間関係のもち方につながる。したがって，人間は育てられる時期に愛情のある養育者と出会うことが決定的に重要な生き物といえる。

　人生最初の1年は，おむつの汚れや空腹などの不快を愛情ある養育行為によって快に代えてくれる特定の大人の応答が養育行為の中核をなす。つまり成長・発達は，人間に生得的に埋め込まれているプログラムが特定の時間経過で開花するのではなく，適切な養育環境によって引き出されて実現するのである。

　生後9か月頃には，知性の発達が認められる。目に見えなくても物が存在することが理解できるようになり，玩具を布で覆っても布をめくって玩具を見つけ出すことが遊びとして成立する。「いないいないばあ」で笑うようになるのもこの頃で，これは隠していた顔を再び出現させる大人の行為にユーモアを読み取れるようになるからである。また人間関係では，愛着関係が安定していれば，二者関係の外部に興味を示すようになり，愛着を形成した特定の大人以外の人間や玩具等の物を使って遊ぶ姿が現れる。

　生後1年になると離乳が完了し，歩行が開始される。食べること，移動することは，大人の力に全面的に頼っていた状態から，自分の意志で興味に基づい

て歩行し，また手づかみでも自力で食物を摂取する能力が獲得されるのに人間は1年を要することがわかる。他の哺乳類の多くが数時間で歩行できるようになり，自分の嗅覚で母乳を嗅ぎ分け母親の元へ駆け寄ることに比べれば，長い時間をかけて愛情を必要としながら発達していくのが人間ともいえるだろう。未熟な状態で誕生し，大人の献身的な養育で歩行と自力による摂食にたどりつく人間の発達をスイスの生物学者A.ポルトマンは「生理的早産」と称した[2]。

（3）1歳児から2歳児の成長・発達と養育

　二足歩行が可能になり，食事も広範にわたり摂取できるようになる1歳児は，興味に従って盛んに歩き，周囲を探索する。近づいて興味の対象に触れることで驚きや興味の深まりを経験し，さらに環境への興味・関心が高まる。こうした相乗効果で1歳児は探索意欲が旺盛になる。0歳児は口に入れて物の感触や味，固さ（柔らかさ）を知るのだが，1歳児は探索により物の性質を手で触れて知ろうとするようになるため，母親のドレッサーに置かれた化粧品をいじるなど，家庭では保護者が「いたずらされた」とストレスを感じる行為も多発し始める。

　保育所等の集団保育施設では，1歳児の噛みつきに保育者が悩まされる。環境への興味・関心，探索意欲，歩行によって，複数の子どもが同じ玩具に手を伸ばす場面が多くなり，取り合いの末に相手の手や顔に噛みつくのである。1歳児の言葉の発達は，耳で言葉を聞いて理解することに偏っていて発話に至らないため，思いの表現として噛みつくともいえる。噛みつきはきわめて動物的な表現であり制止する必要があるものの，周囲の環境への興味が広がり，他児の遊びに関心を示し，自分もやってみたいと思うことは健全な発達の証であることを，保育者や保護者は知っておく必要がある。この時期の興味に駆られた探索は，その後の意欲および主体的な取り組みにつながる大事な経験である。1歳半頃に初語が出て，2歳になると言葉が飛躍的に発達する子どもが多く，言葉の発達に伴って噛みつきは減少する。

　2歳児になると自分でやりたい意欲が高まり，衣服の着脱，食事など生活の諸行為で大人の手出しを拒むようになる。「自分でやる」と言葉で意志を伝えることもできるようになる。また，大人よりも他児を好み，一緒に遊びたいと

思い始める時期でもある。特定の他児と同じ物を持ったり，一緒に遊ぶことを喜び，友だちという感覚が芽生える。仲よしの相手は流動的であるが，今この子と一緒に遊びたいという気持ちが芽生えることが重要であるため，少数の子ども同士の親密な関係を大人は尊重し，関係が深まるよう援助することが大切である。

（4）幼児期の成長・発達と保育

　3歳児から就学までが幼児期である。集団保育施設には大別して保育所・認定こども園・幼稚園の3種類がある。保育の対象年齢で区別すると，保育所と認定こども園（保育所機能）は0歳児から就学まで，幼稚園と認定こども園（幼稚園機能）は3歳児から就学までとなっている。したがって幼児期にはほとんどの子どもが家庭生活だけでなく，これらの施設で保育を受けていると考えられる[*1]。家庭で一人っ子であっても，3歳児以降は保育の場でさまざまな他児との人間関係を経験することになる。

　保育は保育の専門家である保育士・保育教諭・幼稚園教諭等が行うが，子どもの自由な遊びを援助する保育を受けた子どもの方が，小学校教育を先取りする授業形式を取り入れた保育を受けた子どもより語彙力が優るという研究成果[3]があることからも，次頁以降の事例に表れている保育者のかかわりは，家庭での養育に参照されるべきものであるといえる。

　わが国の保育は，平成以来，環境を通して行う教育であること，遊びを通して行う教育であることが重要視されてきた。ここではある幼稚園の事例を取り上げて，環境および遊びを通して教育するとはどのようなことかを紹介し，次頁以降では，事例の中で幼児期の成長・発達とその援助について考えていくこととする[4]。

＊1　『令和元年版 少子化社会対策白書』（内閣府）による保育所と幼稚園の年齢別利用者数および割合（2018（平成30）年）では，3・4・5歳児で何らかの集団保育施設に属している者の割合は，それぞれ94.8％，97.3％，98.3％であることがわかる（p.68，第1-2-8図）。

事例1　3歳児：涙が出る朝

　7月のある朝，ソウ志は母親と別れられなくて登園を渋り，とうとう「お母さんのバカァ！」と泣き叫びながら保育者に抱かれて保育室に入った。保育者は「よしよし，わかったよ」となだめながら，数名の子どもたちが鳥かごを囲んで小鳥を眺めているところへは行かず，部屋の端に置かれている大きな船形の木箱の中にソウ志を座らせ，自分も隣に座った。保育者が黙ってソウ志の背中をなでている。しばらくの間ソウ志は鼻をシュンシュンさせていたが，やがて泣き止んで船から出ると，さて何があるかな？　という表情でキョロキョロし始めた。

　保育者は，母親から抱きとったソウ志を他児の輪の中へ入れるのではなく，保育者との二者関係がゆっくり取れる場を選んでいる。既に遊んでいる他児の雰囲気で気を紛らわせるよりも，しっかりとここでの一日をソウ志の意志で始められるまで待ったのだろう。「船」という場を選んだのは，保育室内の様子を見ることができ，かつ他児との関係にさらされない境界線をつくり出し，ソウ志が落ち着いて自分らしさを取り戻せることをねらったものと思われる。船という物（物的環境）を場として用いたのである。

　3歳児は自己中心性が強く，自分の感情をコントロールすることがまだ難しい。こうした場面ごとに子どもは，不安定なときを共に過ごしてくれる保育者への信頼を高めていく。子どもは保育者の存在に支えられて自分を立て直し，保育者への日頃培っている信頼を基盤に子ども同士の人間関係を築き始める。生後7，8か月で愛着を形成した特定の大人との二者関係が安定することで，周囲の環境（物や人間）への興味が湧き始めることと同じことが，幼児期にも生じているのがわかる。

> **事例2　4歳児：あめやさん**
>
> 　サチ子はお店の屋台を保育室中央に運んであめ屋を開いた。保育者に「あめや」って書いて。200円って書いて」と四角に切った紙を手渡した。保育者が黒と赤のマジックで言われたとおりに書いて紙を返すと，サチ子は微かに微笑みながら受け取った紙を見つめ，それを持ってお店に戻った。あめ屋を近くで見ていたヒサ美は，保育者に「お客さん来てくれないの」と困った顔で訴えてきた。保育者は屋台を廊下に移動させることを提案する一方，両膝に両手を当ててかがむと，「ヒサ美ちゃん，一緒にサチ子ちゃんのところに行って遊ぶ？」と尋ねた。ヒサ美は黙ってうなずく。保育者はヒサ美と手をつなぎ，サチ子に「あめやさーん，ヒサ美ちゃんと私もお店をやりたいんだけど，いーい？」と聞いた。3人で廊下に移動した「あめやさん」は，他の組の子どもたちも買いにきて繁盛した。

　4歳児になると，年長の5歳児の遊びを見て自分もやってみようとしたり，家庭生活での経験を再現するような遊びの構想が生まれるようになる。保育者は，まずは一人一人のやろうとしていることが実現できるよう援助する。保育における援助とは，遊びの成立と進行を可能にする提案を行うこともあれば，一緒に遊びたがっている子どもとの橋渡しである場合もある。事例の中で，保育者がヒサ美と手をつないで仲間入りの可否を尋ねているのは，偶然ではない。子どもにとって最も受け入れやすいのは保育者であることから，「私」ではなく「私たち」が仲間になりたがっていることをサチ子にわかりやすく視覚的に伝えるためである。2人が「あめやさん」を一緒にできれば，サチ子とヒサ美は互いのよさに出会える可能性が生じる。保育者はあめ屋の遊びを通して，子ども同士の出会いと遊びの共有，相互理解を無理なく実現したかったのである。

事例3　5歳児：僕だって仲間だよ

　男児の仲よし4人グループは，たいてい連れ立って遊んでいる。保育室で帽子や剣を製作し，それを身につけて庭で海賊になったり，園舎内の広いホールで大型積み木を使って基地を作ったり，5歳児になると遊びのスケールも大きくなる。ある日1人が，自分は誕生日がきて6歳になったと話すと，他の2人も既に6歳であると自慢気に言い始めた。1人だけ未だ5歳の男児はうつむいている。3人は「6歳だけで行こう」と意気投合し，園庭へ出て行ってしまった。置いていかれた男児は顔をゆがめて涙をこぼしながら「一緒に行くよ。僕だって仲間だよ」と言いながら走ってついて行った。

　保育室で他児の援助をしながら4人の会話を聞いていた保育者は，頃合いをみて園庭に出た。4人は園庭の端で「お前は6歳じゃない」「もうじき6歳だ」と言い争っている。保育者はそっと近寄り，しばらく4人の円の外で黙っていたが，「6歳になったのは嬉しかったね。でも，6歳になったらお友だちに悲しい思いをさせるなら，お兄さんになったとはいえないよ」と諭した。6歳の3人はハッとして気まずい空気が流れた。

　保育者は5歳の男児に「タカ君たち，6歳になったのが嬉しくて，ちょっと間違えちゃったみたい。ヒロちゃんももうじき6歳の仲間だもんね。竹馬だって上手なんだしね」と言いながら頭をなでている。タカオがタイミングよく「よし，竹馬しようぜ」と言うと，一瞬，他の3人と目が合い，4人は明るい表情で同時に竹馬を取りに走り出した。

　5歳になると仲間意識が芽生え，特定の仲よしグループでの安定した関係性が築かれる。しかし他者の気持ちへの繊細な予測やケアはできないため，しばしばけんかや遊びのイメージのずれが生じる。ネガティブな局面での保育者の判断とかかわりの方向性は大変重要で，ともすると「善」と「悪」に子どもを分類し，悪いことをした子どもに「ごめんなさい」と言わせることに躍起になってしまいがちでもある。この保育者は，言葉で直接的に3人の男児を責め続けることはせず，途中から5歳男児への言葉がけに転じて，3人のしたことを意味づけした。悲しい思いをした5歳男児が気を取り直してもう一度遊びに加われるよう，タカオの自発的な仕切り直しをさり気なく誘った。

　保育者は直接的な行為だけでなく，こうした間接的な方法を用いて，子ども
が自ら思い直したり，自分の意志で動き出すよう働きかける。先生に命じられ
たからでなく自分で考えて判断し，自分を動かしたと思える経験が，その後の
主体的な生き方につながるからである。5歳児は人間関係の多様な経験の中
で，自らの主体性を育み，学齢期に向かう時期である。

　これまで手で触れて物の性質を確認していた子どもたちは，この時期に目で
見て判断するようになっていく。絵画も，幼い時期は見ながら描いた場合で
も，見たことだけでなくあらかじめ知っていることをも表現する。例えば，母
親の絵を，今着ている色の服で描くが，エプロンのポケットに入っていると思
われるハンドタオルの模様や財布までが顔の近くに描かれることがある。子ど
もの表現は視覚に頼りがちな大人とは異なる視点を有しているため，しばしば
大人を面白がらせるのである。それも自己中心的な幼児性で，学齢期に向かう
5歳頃からは次第に視覚に基づく客観的な判断や表現ができるようになる。朝
顔の観察が小学1年生で成立するのはこのためである。

　幼児期には，子どもの行為（言葉，行動を含める）を表現としてとらえ，今
この子は何を表現しているのかを大人が理解しようとすることが何より重要で
ある。子ども理解が子どもと大人の関係の出発点になることで，子どもはこの
場，この人間への安心感を得ることができ，自分らしい表現を創り出す主体に
育ち始めるからである[5]。

2 子どもの生活と大人の生活，社会との関連性

　これまで，乳児期の家庭生活と幼児期の園生活を，子どもにだけ焦点を当て
てみてきたが，子どもの生活は大人との関係性に依存している。家庭でのきょ
うだい数，親子関係，経済状況で毎日の生活の質が決まるほか，保護者（のい
ずれか）が専業主婦（夫）であるか共働きであるかといったライフスタイルに
よって就園する集団保育施設の種別も違いが出るのである。家庭での虐待が社
会問題となって久しいが，虐待防止に少子化対策も加わり，さらに機能不全家
庭におけるヤングケアラー問題も深刻化し，現代社会は子育て支援に積極的で
ある。少子化は国の人口および年金の問題にも直結するわけだが，ここでは子

どもの生活にとっての意味を考えていく。

（1）低年齢からの保育と家庭生活

　女性の社会進出が増加して以来，当然のことだが，低年齢から保育を受ける子どももまた増加した。入所した子どもは家庭での養育と集団保育施設の保育を往復する生活をしているので，複数の価値観に触れて育つことになる。少子化によるきょうだい数の減少が，子どもの人間関係を狭めると考えれば，入所児の生活は同年代の他児と日常的に密接なかかわりがもてる生活でもある。

　前述したように，集団保育施設の種別は多岐にわたり，その違いは子どもの何らかの属性等による区別ではなく，保護者（大人）の選択したライフスタイルの違いに基づくものである。誕生後1年以内から保育所の保育を受ける子どもと，3歳児から幼稚園に通う子どもがいる。保育所と認定こども園はこども家庭庁が管轄し，幼稚園は文部科学省管轄の学校教育機関となっている。それぞれに保育所保育指針，幼保連携型認定こども園教育・保育要領，幼稚園教育要領という国のガイドラインを有し，前二者は教育に関しては幼稚園教育要領に準ずるとされているので，いずれの種別で園生活を送っても教育の内容および方法に違いはないことになっている。

　しかし決定的な違いは，子どもの生活時間と保護者と過ごす時間数であろう。保育所（以下，認定こども園の保育所機能を含む）に通う子どもは，保護者の就労形態に応じて生活時間が決まる。保護者と過ごす時間も平日は朝夜に限定される。人間は生涯を通じて自分の生き方を模索するので，保護者も自分の人生をよりよいものにしようと懸命であるには違いない。社会のあり方としても，男女の差異による差別や不当な区別なしに，選んだ職業人生を全うできる社会こそが健全である。ただ子どもを家庭に迎えて以降の生活は，保護者の就労による生活時間を組むことで，子どもに必要な保護者との親密な関係性を子ども自身が確信できるよう，生活の質を保つ努力が保護者（大人）の側に求められることも，また確かである。

（2）子どもの生活と社会のつながり

　子どもの日々の生活は，まず第一に保護者のライフスタイルに拠るところが大きく，次いで保育者の子ども観や保育観の影響を受ける。子どもの生活は保

護者を筆頭に身近な大人たちの生活，さらには社会のあり方と無関係ではあり得ない。わが国では子どもを生み育てることへの躊躇が出産世代に広がり，それは国の経済，働き方の問題と切り離して対策できることではないのだが，家庭をもち子どもを迎えたら，男女が働きながら子育てを楽しめるよう，相談を受けるしくみを構築し，さまざまな保育機能を拡充するなどして，子育てを支援する取り組みを続けている。少子化が社会問題化した1990年代以降，子育ては各家庭の責任であるという見方を改め，社会が見守り支援すべきことであると，子育てのパラダイムが転換したのである。

　ところで，子育ては子どもが心身ともに健全に成長・発達するための援助であるため，子育て支援は，子どもが心身ともに健全に成長・発達するために，保護者に寄り添い，保護者を助け，保護者が子どもにとってよりよい人的環境としてコンディションを保てるよう支えることが目的となる。保護者その人が楽をして，養育行為の苦労を回避できるよう，子どもを代わりに育ててあげることではなく，むしろ保護者が苦労を乗り越えて子どもとの関係性を高めることを目指すものでなければならない。したがって，子どもを預かる保育システムの多機能化と併せて，保護者が子どもと共に楽しんで家庭生活を営めるよう支援することも重要で，子育て支援にはこれら二つの方向性が必要である。とりわけ後者の方向性での子育て支援には，社会全体の子育て家庭へのまなざし，直接間接の支援行為が求められる。

3 子育ての現代的課題

　子どもの生活が大人と共にあることは，これまでに述べてきたとおりである。したがって保護者に子育て支援を行うことは，保護者自身の心身の安定を図ることにとどまらず，子どもの成育環境を豊かにすることをも意味する。親になると，自分一人のコンディションを維持していればよかった青年期とは異なり，思うように事を進められないもどかしさや，子どもの体調不良で欠勤を余儀なくされることで生じる焦りなど，さまざまな不都合を抱えることもある。

　コロナ禍では在宅ワーカーが急増し，集団施設保育も休園となった時期には，家庭にいながら仕事を遂行することが困難であると嘆く父親，保育施設は

休園だが会社は出勤せねばならず会社の倉庫で子どもを遊ばせながら仕事に従事し続けた母親の姿も報道された。子ども，子育てに無関心であった夫が在宅ワークとなり，子どものみならず夫の世話もせねばならないと悲鳴をあげる妻もいた。こうした保護者の家庭生活の変化が，子どもの成育環境をよりよい方向に変えたケースももちろんあるが，不測の事態は家庭生活の危機になりやすい[6]。コロナ禍が，従来から指摘されてきた子どもの貧困の幅を広げ，質を変えたのだとしたら，今後の追跡調査と課題解決に向けた施策は火急を要するだろう。

　冒頭の"人間はいつまで「子ども」でいるのか"という問いに立ち還れば，他者である子どもの生活をトータルに引き受け，子どもの成長の喜びと子育ての大変さを含めて，個々人が子どもと共にある生活を営む覚悟をもち，かつそれが可能な状態に育つことによって，人間は大人の領分に入るといえるかもしれない。しかも子どもの育ちを社会全体で見守り支えるという子育てのパラダイムにシフトした現代では，自分の家庭に子どもが誕生することばかりでなく，社会的な大人として，わが子をもつ者ももたない者も，子どもと大人の関係性を人生の，社会の，大切なこととして位置づけることが求められるのである。

■引用・参考文献
1）金子龍太郎：乳児院・養護施設の養育環境改善に伴う発達指標の推移：ホスピタリズム解消をめざした実践研究．発達心理学研究，1993；4-2，145-153．
2）ポルトマン，A.著，高木正孝訳：人間はどこまで動物か─新しい人間像のために，岩波新書，1961．
3）内田伸子：子どもの貧困─成育環境に及ぼすその影響と対策─．学術の動向，2017；10，24-28．
4）守隨香：幼稚園だいすき─子どもの園生活と育ち─，ななみ書房，2023，pp.11-12，pp.40-42．
5）仲明子：表現をつくり出す．無藤隆・浜口順子編：事例で学ぶ保育内容領域表現，萌文書林，2007，pp.149-174．所収
6）大日向雅美：日本の子どもたちの「いま」．母子保健760号，母子衛生研究会，2022．

生活時間

　時間は金銭等と同様に大切な生活資源である。本章では生活時間調査の活用を紹介するとともに戦後の時短政策について検討する。時間の使い方をめぐっては多くの課題があることが示されよう。持続可能な生活に向けて，一人一人が時間とのかかわり方を見直していく必要がある。

1 生活を時間でとらえる

　生活をとらえる方法は多様である。その中で時間により生活をとらえることにはどのような意義があり，それはどのように活用されてきたのだろうか。

（1）生活を時間でとらえることの意義

　生活をとらえる方法としては，その研究の関心や目的に沿って多様な生活資源の中から特定部分に焦点を当て，数値化して示すことが一般的である。例えば，家計調査は生活資源のうち金銭に焦点を当て，世帯における収支構造や資産・負債の実態をとらえる。生活時間調査は時間に焦点を当て，人の生活行動の実態や世帯の構成員の関係性などをとらえる。このほか，人的資源としてのネットワークや，諸活動の選択可能性の大きさを示すケイパビリティの面から生活をとらえる方法もある[1]。

　生活を時間でとらえることの最大の利点は，時間は誰もが平等にもつ生活資源であり同じ軸で比較することができること，市場で取り引きされない活動も含め生活を総合的に評価することができることの2点に集約できよう。これらの利点を生かし，生活時間調査は特に家庭で行われる無償の家事労働やケア労働等を研究対象とする研究領域において活用されることが多い。生活を時間でとらえる取り組みは，こうした経済ベースではとらえにくい活動を数値化して可視化できるという意味において大きな意義を有する。

（2）生活時間調査と生活行動分類

　日本における全国規模の生活時間調査には，NHK「国民生活時間調査」（以下，NHK調査）と総務省「社会生活基本調査」（以下，総務省調査）がある。NHK調査は1941（昭和16）年に一度実施され日本における全国規模の生活時間調査の先駆けとなったが，戦後は1960（昭和35）年から5年ごとに実施され，わが国の大規模な生活時間調査では最も長い歴史をもつ。総務省調査は1976（昭和51）年から5年ごとに実施されている。NHK調査が個人を抽出するのに対し総務省調査は世帯を抽出しており，世帯の家族類型や共働きか否かによる比較が可能となっている。

表8-1　NHK国民生活時間調査の生活行動分類

必需行動
睡眠，食事，身の回りの用事，療養・静養
拘束行動
仕事関連（仕事，仕事のつきあい），学業（授業・学内の活動，学校外の活動），家事（炊事・掃除・洗濯，買い物，子どもの世話，家庭雑事），通勤，通学，社会参加
自由行動
会話・交際，レジャー活動（スポーツ，行楽・散策，趣味・娯楽・教養，インターネット動画），マスメディア接触（テレビ，録画番組・DVD，ラジオ，新聞，雑誌・マンガ・本，音楽），休息
その他・不明

（筆者作成）

　NHK調査における生活行動分類を示す（表8-1）。国際比較を可能とするため，国連統計局によるICATUS（International Classification of Activities for Time Use Statistics）[2]や，EU（欧州連合）統計局によるHETUS（Harmonised Eurostat Time Use Survey）[3]といった生活行動の国際基準も作成されている。生活時間調査には，あらかじめ生活行動分類を設定して質問するプリコード方式と回答者自身が自分の生活行動を調査票に記入するアフターコード方式の2種類がある。NHK調査も総務省調査（調査票A）もプリコード方式を採用しているが，総務省調査では2001（平成13）年以降，HETUSの動向を見据え，国際比較の可能性を向上させるため，アフターコード方式による調査（調査票B）も導入している。

　また，生活行動分類は生活課題を適切にとらえる上でも重要である。生活時間研究では豊富な蓄積のある生活経営学の領域では，早くから収入労働時間と

家事労働時間を合計した全労働時間というカテゴリを独自に導入することにより，男女の生活時間構造の非対称性を明らかにしてきた[4]。

（3）無償労働の貨幣評価の試み

　生活を時間でとらえるもう一つの利点として，経済ベースではとらえにくい活動を可視化できることをあげた。この点を生かし，生活時間調査は生活の総合的な評価や生活課題を読み解くための手がかりとしても活用されている。

　表8-2は6歳未満の子どもをもつ「夫婦と子どもの世帯」の夫婦の生活時間である。共働き世帯でも専業主婦世帯でも夫の家事や育児の時間は妻と比較するときわめて短い上，妻の就業の有無はそれらにほとんど影響していない。また，共働き世帯の妻は夫と比較して仕事時間が短いが，それ以上に家事や育児等の無償労働の時間が長いため，表中のどのカテゴリよりも2次活動の時間が長く3次活動の時間が短くなっている。OECD（経済協力開発機構）による国際比較調査においても，日本の無償労働時間における男女間格差は，韓国とともに際立っている（図8-1）。

　女性がその大部分を担っている無償労働は，私たちの社会や生活の重要な基盤となっているにもかかわらず，国民経済計算や労働統計等に反映されず数量的に把握しづらいため過小評価されてきた。欧米諸国では無償労働の意義に対する認識の高まりを背景に，早くからその貨幣評価の取り組みが行われてきた。1994（平成6）年の第4回世界女性会議（北京会議）で採択された「行動綱領」は，女性の貢献を数量的に把握できるよう無償労働を国民経済計算のサテライト勘定[*1]に反映させる方法を確立することを求めており，これを受けて日本でも内閣府（2001（平成13）年の省庁再編までは経済企画庁）により無償労働の貨幣評価が試みられるようになっている。その際に用いられる資料が生活時間調査のデータである。

　方法としては，無償労働の時間に単位時間当たりの賃金を積算し合計金額を

＊1　サテライト勘定：国民経済計算（SNA：system of national accounts）は市場を介した経済活動を包括的にとらえた統計体系であるが，その中でとらえきれていない事項について，本体系と連携させながら貨幣評価し作成される付属勘定のこと。例えば，環境保護活動や環境への負荷，家庭内で行われる無償労働などに関するものが作成されている。

表 8 - 2　　6 歳未満の子をもつ夫婦と子ども世帯の夫妻の生活時間
（週全体平均時間）　　　　　　　　　　　　　　単位：時間，分

	共働き世帯[※1]		専業主婦世帯[※2]	
	夫	妻	夫	妻
1 次活動（生理的に必要な活動）	10.23	10.33	10.29	10.48
睡　　眠	7.49	7.56	7.55	8.07
身の回りの用事	1.11	1.15	1.07	1.08
食　　事	1.23	1.22	1.27	1.33
2 次活動（義務的な性格の強い活動）	10.13	10.40	9.56	9.27
仕事等　　通勤・通学	0.50	0.31	0.48	0.02
仕　　事	7.20	3.35	7.19	0.01
学　　業	0.02	0.02	0.02	0.00
家事関連　家　　事	0.35	2.32	0.20	3.44
介護・看護	0.01	0.04	0.01	0.02
育　　児	1.04	2.27	1.06	4.56
買い物	0.17	0.29	0.20	0.42
3 次活動（各人が自由に使える時間の活動）	3.23	2.46	3.34	3.45
移動（通勤・通学を除く）	0.20	0.25	0.22	0.30
テレビ・ラジオ・新聞・雑誌	0.28	0.20	0.34	0.31
趣味・娯楽	0.27	0.15	0.25	0.23
スポーツ	0.05	0.02	0.06	0.02
ボランティア活動・社会参加活動	0.01	0.00	0.01	0.01
学習・自己啓発・訓練（学業以外）	0.04	0.03	0.06	0.05
交際・付き合い	0.06	0.07	0.04	0.10
受診・療養	0.04	0.04	0.01	0.06
休養・くつろぎ	1.39	1.20	1.46	1.46
その他	0.09	0.10	0.09	0.11

※1　夫婦とも雇用者の世帯　　※2　夫有業，妻無業の世帯
出典）総務省統計局：令和 3 年社会生活基本調査．より筆者作成．
https://www.stat.go.jp/data/shakai/2021/kekka.html（2023 年 5 月 1 日）

算出するが，単位時間当たりの賃金として何を基準とするかにより 3 種類のや
り方がある。機会費用法（Opportunity Cost method；OC 法）は無償労働を行う
ことにより市場に労働を提供することを見合わせたことによる逸失利益で評価
する方法，代替費用法スペシャリストアプローチ（Replacement Cost method,
Specialist approach；RC-S 法）は家計が行うサービスと類似のサービスを市場

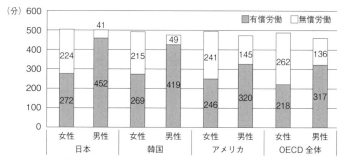

データ）OECD「Balancing paid work, unpaid work and leisure」2020.

図8-1　生活時間の国際比較

出典）内閣府：男女共同参画白書 令和2年版，2020. より筆者作成.

表8-3　家事労働の1人当たり男女別貨幣評価額と年間活動時間（2021年）

（単位：千円，時間）

評価方法	女　性	有業 有配偶	無業 有配偶	有配偶 以外	男　性	有業 有配偶	無業 有配偶	有配偶 以外
1人当たり貨幣 評価額（OC法）	1,943	2,418	2,989	994	604	648	847	451
1人当たり時間	1,289	1,523	2,031	692	325	323	522	248

出典）内閣府経済社会総合研究所：2022年度（令和4年度）「無償労働等の貨幣評価」に関する
　　　検討作業報告書，2023. より筆者作成.
https://www.esri.cao.go.jp/jp/sna/sonota/satellite/roudou/contents/pdf/2021mnsyouol.pdf
（2023年8月3日）

で生産している者の賃金で評価する方法，代替費用法ジェネラリストアプロー
チ（Replacement Cost method, Generalist approach；RC-G法）は家計が行う無
償労働のすべてを家事使用人が行うときのその賃金で評価する方法である。表
8-3はOC法によりで算出された家事労働の1人当たり男女別貨幣評価額と
家事労働時間のデータである。この表からは，無業有配偶女性は年間298万9
千円，有業有配偶女性は職業労働の他に年間241万8千円を稼ぎ出しているこ
とになり，経済活動への女性の少なくない貢献を読み取ることができる。

（4）時間貧困という概念の活用

　2000年代以降，欧米では貧困を所得だけでなく多様な側面からとらえようとする動きが活発化した。中でも生活時間を活用した取り組みは時間貧困研究として注目されている。

　時間貧困（time poverty）とは生活する上で最低限必要とする時間を確保できない状況を意味する概念である。時間貧困研究の先駆けとなったVickery[5]は貧困を所得と時間の組み合わせによってとらえ，ひとり親世帯ではその両面において貧困の割合が高いことを指摘した。これを継承する研究は各国で実施されている。OECD[6]では，裁量時間が集団の中央値の60％未満である場合を時間貧困とみなす方法により操作化し，多くの国で子どもをもつ女性の時間貧困率が高いことを明らかにしている。そのほか，時間貧困の概念は女性の仕事と家事の二重負担を示したり，途上国の女性たちが世帯運営に不可欠な家事・育児といった無償労働全般を担っていることにより貧困状態に陥っている状況を説明したりするものとしても活用されている。

（5）時間は平等な資源か

　本章の冒頭で時間は誰もが平等にもつ生活資源であると述べた。物理的な時間は1日24時間であり，その意味では時間はすべての人に平等に与えられているといえる。だが，「時間貧困」の例が示すように，労働によって消費したエネルギーを回復させたり，生活を維持する上で不可欠な家事を行ったりする時間を確保できない人もいる。また，たとえゆとりがあるようにみえても，それを誰もが同じように享受できるとも限らない。

　1961（昭和36）年に刊行された労働省婦人少年局「生活時間白書」[7]には，全国婦人会議の会議録が収められている。一般の参加者が「生活時間の自主的な設計のために」のテーマの下でそれぞれの意見を述べているが，その内容は時間が必ずしも平等な資源ではないことを示して大変示唆に富む。

　「商家も農家も同じで，ひまがあってもそのひまを自分のものにする自由さがない，ということがとても損なのです。新聞を読みたいと思っても，新聞を拡げて読むというと，『新聞を読むひまがあったらちょっとわき掃除なとするとよかたい（原文ママ）』と言われたりしますから新聞などは，食事するときくらいしか読めないわけで

す」(p.90)

「子供を育てていますときには私どもひまがあるわけがないのですがね，家庭菜園などもしておりましたし，明け暮れ忙しくすごしていると，本を読んでのんきにしているひまはないのです。けれども，その中のたとえ五分でも十分でも本を読んでおりますと，そういうことをすべきじゃないというふうにものすごく罪悪に思っているのです」(p.91)

「私の地方でお話が出ました場合に，若い娘さんが電気洗濯機なんかいらない。洗濯機を持っていったためにほかのお仕事に追いまくられる。なんかやって働いているという体裁を作らないと，怠けているようにとられるらしいのです。古いしきたりのために，どうにもならないという場合がずいぶんあるのです」(p.92)

戦後，ライフスタイルや家族関係が大きく変化する中で，女性たちが初めて手にした「自分の時間」をどう使えばよいのか，戸惑いを感じている様子がよくわかる。これらの資料は，時間を誰もが平等に使えるためには，そのための環境整備が必要であることを教えている。

2　社会政策における時間

時間の使い方は私たちの生活に大きな影響を与えるため日本の政策課題としてもたびたび登場してきた。ここではそうした時間の使い方にかかわる政策の中でも特に時短政策に着目し，戦後の流れを概観してみたい。

（1）時短政策の始まり

時短政策とは労働時間の短縮を意味し，日本では1980年代後半から始まっている。ちなみに「毎月勤労統計調査」（厚生労働省）によれば，1987（昭和62）年の日本の総実労働時間*2は2,132時間（事業所規模30人以上）である。「時短」に向けた機運を高めた背景には，日本人の働き過ぎが欧米諸国の貿易赤字や失業の原因になっていることへの批判の高まりがあった。つまり，戦後日本の初期の時短政策は生活の質の向上を目指して始まったわけではなく，諸外国との不均衡の是正，いわば外圧により始まったということである。

---

*2　総実労働時間：所定内労働時間数と所定外労働時間数の合計。

1986（昭和61）年，経済構造調整研究会による報告書（前川レポート）では，内需拡大の一環として「欧米先進国並みの年間総労働時間の実現と週休二日制の早期完全実施」が提言され，これにより国政の重要課題として労働時間の短縮が俎上に載せられることとなった。翌1987年には経済審議会により「構造調整の指針」（新前川レポート）が建議され，2000（平成12）年に向けてできるだけ早いうちに，当時のアメリカ，イギリスの水準を下回る1,800時間程度を目指すことが必要であるとの具体的な数値目標が提示された。これを受け，1987年施行の改正労働基準法には法定労働時間週40時間への段階的な移行が示されるとともに年次有給休暇の最低付与日数の拡大が，1988（昭和63）年に閣議決定した「世界とともに生きる日本」には完全週休二日制の実施，公務員土日閉庁制等への取り組み等を含む労働時間短縮推進計画が盛り込まれた。

1990年代に入ると「2000年 1,800時間」に向けた具体的な取り組みが本格化する。1992（平成4）年の「生活大国五か年計画」では年間1,800時間の目標が再掲されるとともに，完全週休二日制の普及促進のための労働基準法改正，サービス残業の防止，学校週五日制の段階的拡大などにも言及された。また，同年，2006（平成18）年までの時限立法として「労働時間の短縮の促進に関する臨時措置法（時短促進法）」も成立し，労働時間の短縮を進めにくい中小企業などの支援を行うために，中小企業時短促進特別奨励金を支給するなど，労働時間に対する労使の自主的な取り組みを支援するための施策が盛り込まれた。1993（平成5）年改正の労働基準法では翌年からの労働時間週40時間制の施行が盛り込まれ，1997（平成9）年にはこれが中小企業にも適用された。

（2）「2000年 1,800時間」が意味するもの

2005（平成17）年の日本の年間総実労働時間は1,830時間である（事業所規模30人以上）。時短政策の始まった1980年代後半から2005年のわずか20年足らずの間に日本は当初の目標「1,800時間」をほぼ達成したことになる。

ところで，年間総実労働時間1,830時間とはどのような働き方を意味するだろうか。法定労働時間を週40時間とすると，1年を52週として1年間の労働時間は2,080時間である。年間総実労働時間1,830時間となると，土・日完全休み体制の実施に加え年間でおよそ31日（2,080時間－1,830時間＝250時間，250時間

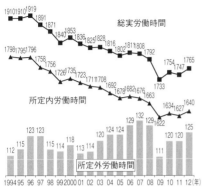

（資料出所）厚生労働省「毎月勤労統計調査」
（注）事業所規模5人以上

図8-2　年間総実労働時間の推移（パートタイム労働者を含む）

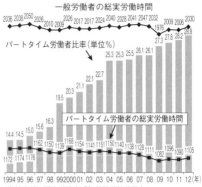

（資料出所）厚生労働省「毎月勤労統計調査」
（注）事業所規模5人以上

図8-3　就業形態別年間総実労働時間およびパートタイム労働者比率の推移

図8-2，図8-3出典）厚生労働省：第103回労働政策審議会労働条件分科会，資料3労働時間等関係資料，2013．https://www.mhlw.go.jp/stf/shingi/0000024580.html（2023年5月1日）

/8時間）の休暇を取得していることになる。これは私たちのリアリティとあまりに食い違うのではないだろうか。

　図8-2，図8-3は年間総実労働時間の推移である。図8-2はパートタイム労働者*3と一般労働者をあわせた常用雇用者の結果を示し，図8-3は就業形態別に示した結果である。これらの図から，1994（平成6）年以降の総実労働時間の減少は，労働者全体に占めるパートタイム労働者割合の増加という常用雇用者の構成の変化によるところが大きかったことがみてとれる。また，1996（平成8）年には祝日として「海の日」が創設されたり，1998（平成10）年，2001（平成13）年には週休二日制の普及を背景に月曜を国民の祝日とするハッピーマンデー制度が導入されたりするなど，休日を増やす方策が採用された。その結果，一般労働者については，週末の休日の労働時間が平日に上積みされて，平日の労働時間が長時間化したことも指摘されている[8]。

---

*3　パートタイム労働者：1日の所定労働時間が一般の労働者よりも短い者，または1日の所定労働時間が一般の労働者と同じで1週の所定労働日数が一般の労働者よりも少ない者を指す。

（3）ワーク・ライフ・バランスの達成に向けて

　2008（平成20）年，日本は人口が継続して減少する「人口減少社会」へと突入した。これは日本社会にとって明治期に統計を取り始めて以来の未曾有の事態であった。すでに述べたようにわが国の時短政策は「外圧」からスタートしたが，人口減少という局面に接して以降，家族形成期にある男性を中心に労働以外の時間を確保し，女性の家族的責任の負担軽減と社会進出を支援していく必要に迫られていく。

　2007（平成19）年，ワーク・ライフ・バランス推進官民トップ会議（内閣府）において「仕事と生活の調和（ワーク・ライフ・バランス）検証」および「仕事と生活の調和推進のための行動指針」が決定された。2008年には労働基準法も改正され，1か月60時間を超える時間外労働に対する割り増し賃金の規定や時間単位年休制度の創設など，時間外労働の削減や年次有給休暇の有効活用をねらう取り組みが新たに盛り込まれた。

　労働時間行政が大きく転換したのは2014（平成26）年である。この年に閣議決定された「『日本再興戦略』改訂2014 − 未来への挑戦 − 」では，「働き方改革」が掲げられ，多様な正社員制度の普及・拡大や健康確保や仕事と生活の調和を図りつつ，時間ではなく成果で評価される働き方を希望する働き手のニーズに応えるための「新たな労働時間制度の創設」を目指していくことが示された。2018（平成30）年には「働き方改革を推進するための関係法律の整備に関する法律」（働き方改革関連法）が成立した。同法は，時間外労働の上限規制や年次有給休暇の確実な取得，労働時間状況の客観的な把握等を盛り込み，一般労働者に対する労働時間の規制を強化する一方で，新たに「高度プロフェッショナル制度」（特定高度専門業務・成果型労働制）を導入し，管理監督者は労働時間の規制から外すという，対極的ともいうべき方針を内包するものであった。

3　持続可能な生活の視点から生活時間を考える

　ここでは，持続可能性な生活という視点から生活時間のあり方を考えたとき，どのような働き方が求められるのかを検討したい。

　生活時間調査では生活行動の時間量（時間配分）とともに時刻的配置（タイミング）をとらえることが一般的であり，生活時間のあり方を考える上でもこれら二つの観点が大切である。なぜなら，私たちは誰しも一人で生きているわけではない。社会的な活動を行ったり家族的責任を果たしたりする上では，どの生活行動にどのくらいの時間を費やすかとともに，ある生活行動をどのようなタイミングで行うかが重要な意味をもつからである。また，生活行動には毎日行うことが必要な行動と休日にまとめて行うことができる行動とがあり，生活を短期・長期の視点で検討する上でも時間量と時刻的配置という二つの観点は重要である。

　すでに述べたように，日本の生活時間は男女間の格差が大きく，特に家事や子育て・介護は女性の就業の有無にかかわらず顕著な違いがみられる。家事や子育て・介護といったケア労働は，毎日，行うことが必要な行動であるため，1日単位でそのための時間を適切なタイミングで行えるような生活時間設計が必要となる。また，特に睡眠や趣味活動，スポーツといった生活行動に使うための時間については，細切れの時間の寄せ集めではなく，一定のまとまった時間量が確保されるようにする必要もある。

　こうした点を踏まえ，戦後日本の時間にかかわる政策を検討してみよう。1980年代後半以降，精力的に進められてきた「2000年 1,800時間」の目標値が意味したのは，年間総実労働時間を1,800時間に縮減させることであった。職業労働の総時間量だけを縮減させるのであれば，週休二日制度の普及と「週40時間労働」の設定，また祝日の創設やハッピーマンデー制度等は実効的な政策であったかもしれない。だが，休日を確保するために平日のゆとりが失われるのであれば，それは1日単位で行う必要のある家事や子育てといった生活行動への参画を困難にし，睡眠や趣味，スポーツ等に費やす時間を確保しにくくさせてしまう。健康で文化的な生活とはほど遠い。

　日本では「8時間の睡眠，8時間の労働，8時間の余暇」という考え方がある。これは19世紀後半のアメリカで8時間労働制を要求するストライキのスローガンが今日に引き継がれたものであるが，そうした生活を成り立たせるための衣食住や子育てや介護等，人が生きていく上で欠かせない活動の時間はど

こで確保するのか。職業労働時間だけに過度に偏重した生活は，それ以外の無償労働のための時間を別の誰かが行ったり，あるいは市場化したりすることにより成り立っている。長くなった人生をより豊かなものとするために，今後は個々のワーク・ライフ・バランスという視点から生活時間のあり方を考えていく必要がある。そのことが，私たち一人一人の持続可能な生活を実現していくことにつながるだろう。

■引用・参考文献

1）日本家政学会生活経営学部会：持続可能な社会をつくる生活経営学，朝倉書店，2020.

2）United Nations Statistics Division：*International Classification of Activities for Time-Use Statistics 2016*, New York, 2021. https://unstats.un.org/unsd/gender/timeuse/23012019%20ICATUS.pdf（2023年5月1日）

3）Eurostat：*Harmonised Europian Time Use Surveys（HETUS）2018 Guidelines*, Luxembourg, 2019. https://ec.europa.eu/eurostat/documents/3859598/9710775/KS-GQ-19-003-EN-N.pdf/ee48c0bd-7287-411a-86b6-fb0f6d5068cc（2023年5月1日）

4）伊藤セツ・天野寛子・森ます美・大竹美登利：生活時間，光生館，1984.

5）Vickery,C.：The Time-Poor：A New Look at Poverty. *The Journal of Human Resources*, 1977；12（1）；27-48.

6）OECD：*How's Life?　Measuring Well-being*, OECD Publishing, 2013.

7）労働省婦人少年局：生活時間白書：婦人のレジャー・タイムについての研究，大蔵省印刷局，1961.

8）黒田祥子：日本人の労働時間－時短政策導入前とその20年後の比較を中心に．RIETI Policy Discussion Paper Series 10-P-002, 経済産業研究所，2010, pp.1-12.

生活と情報

　生活にとって情報はなくてはならないものである。時代によって，また，状況に合わせて，私たちは，単純なものから思考にかかわる難解なものまで多岐にわたる情報源から情報を得ている。インターネットの普及により，世界中の情報に瞬時にアクセスして得たい情報に触れること，人々と情報交換することもできるようになった。一方で，近年の急速な情報化の進展は，人間の生活と情報との関係にこれまでとは異なる課題をもたらした。一つには情報の信頼性である。インターネットの普及は，正確性や信頼性が低い内容を含んだ情報が社会に溢れる環境をつくっていることも事実で，私たち生活者には，信頼できる情報源を選び，いかに的確に，必要な情報を得るかが課題になってきた。情報を収集しようとする当事者として，どのような情報を必要としているのか，緊急性や計画性など自分の要求を整理することが求められている。もう一つは，人工知能（以下，AI）など未来社会を方向づける最先端の情報通信技術（ICT）*¹の活用に関する課題である。情報を得る立場だったはずの人間が，知らず知らずに情報を創ることに関与していたり，自分にかかわる情報を利用されるようなことが起きている。情報化社会で得ている情報，それらを得るための方法が生活者を真にウェルビーイングに導いているものなのか，一度考えてみる必要がある。

　本章では，情報化社会における情報の特性をとらえて，よりよい生活を創造するために，生活者はどのように情報に主体的にかかわっていくべきかについて考察する。

＊1　情報通信技術：Information and Comunication Technology，略語表記が ICT である。
　　情報技術（IT）を拡張し，通信技術を加えて，情報の伝達・活用も重視して用いられる。

1　生活者と情報化の進展

（1）情報による生活の支配

　生活者は，SNSやブログなどのソーシャルメディアを利用して発信側に立つこともあるが，基本的には情報を受け取る側にいる。よりよく生活するために情報を収集して選択し生活に活用する。社会に溢れるたくさんの情報の中から必要なものを取捨選択する際にも，主体的に，適正に判断しようと心がけている。

　情報通信技術（ICT）が高度に進化して，情報が他の資源と同様の価値をもつようになった。このような情報化が加速するのに伴い社会状況が大きく変わってきた。情報ビジネスを中心に価値のある情報を創造することへの関心が高まり，私たちの生活はその対象の一つとしてデータ化され，ビジネスに活用される現象が起きている。それまでは生活者が情報を得る主体であったが，生活者が情報を得て生活に活かしていこうとする行動，それ自体がまるごと，本人が意識しないままデータ化され，都合のよいようにカスタマイズされていく。つまり，私たち生活者が「情報を活用する」と表現するときに共通に思い描くイメージとは全く異なり，生活者がよりよい生活を求めて情報収集する行為自体が誘導されてしまう現象である。情報化社会が描く豊かさは，人それぞれが本来抱く，自分が求める豊かさを自由に追求したいという本質的な欲求から乖離している状況である。生活者は，それぞれの豊かさを求めていくことに主体性をもち続けることができるのだろうか。

（2）「情報」の多層性

　「情報」という言葉はさまざまな意味合いを含んでいる。生活や技術の変化と共に意味する範囲が拡大したためで，学問分野でも数多くの定義が存在する[1]。現時点で「情報」の意味合いは次の四つに大きく分類される[2]。

　①　物事を収集解析して得られる事象で，Intelligenceにあたる「情報」である。最初は，明治初期に軍事用語の諜報に近い意味で敵の「情状の報知」を縮めて用いられた。スパイが集める情報に近く，今日では特殊情報という意味合いで限られた機関で用いられ一般的ではない[1]。

②　物事について伝えられる内容のことで，ほぼInformation の同義語として一般的に用いられる「情報」である。戦後，同語の翻訳として定着し，固定電話やテレビ放送が普及すると次第に市民の日常に一般化した。

③　インターネットやスマートフォン（以下，スマホ）などのソーシャルメディアが普及して広範囲に用いられるようになった「情報」である。情報通信技術（ICT）が新たなビジネスや価値ある情報の創造，開発などにかかわる情報市場の意味合いが強い。コンピュータや情報インフラ，サイバー空間，SNS，デジタル化，モノのインターネット（Internet of Things；IoT）など今日的な情報化社会の状況を示している。

④　客観的な事実・事象の記録，すなわちデータである。価格データや視聴率など保存できる「情報」で，コンピュータの性能や容量が進歩して画像や音楽，行動などに拡大している。今日ではインターネットにつながるあらゆるモノがデータを創り出し，生活もその対象としてとらえられる。

ここで，生活者が何かしらの情報を得ようとする場面を想定してみよう。生活者が得たいと思っているのは，多くの場合インフォメーション（情報②）である。現代の高度に進展した情報通信技術（ICT）は，生活者が情報を求める行為を利用価値のあるさまざまなデータに変えて（情報④），さらに新たな情報の創造・伝達に活用する（情報③）。このような情報を扱う情報システムの中で，当人をターゲットにした最適な情報環境が創られていく。このように「情報」にかかわる現象は技術や産業の発展だけでなく，人々の日常生活や行動に浸透し影響するなど複雑で多層化[3]している。

私たちが日常的に行う情報の収集は，生活の質を高めウェルビーイングを得るために欠かせない生活資源を求める，主体性を重んじた行動で[4]，すなわち図9-1に示す上部網掛け部分に限った情報の収集・選択という情報行動を指している。生活者を，情報を受け取る側であることを前提とした性質のものであるが，今日，上述したような社会で起こっている情報化のしくみを理解し，無意識のうちに「情報化」に組み込まれない，生活の主体性が問われる。自分の情報を知らない間に使われてしまうような状況から脱して，生活者側が生活要求を情報側に伝えていく，というような立場の構築が必要である。そのため

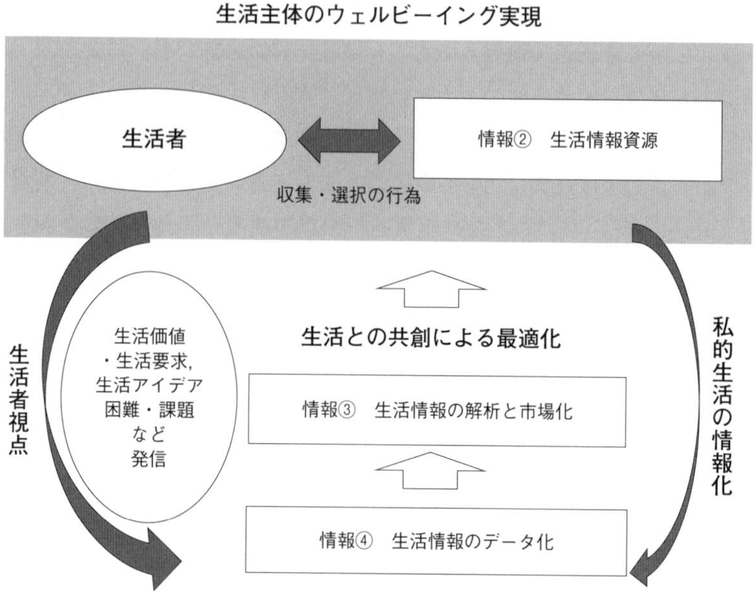

生活主体のウェルビーイング実現

生活者 ⬌ 情報②　生活情報資源

収集・選択の行為

生活者視点

私的生活の情報化

生活価値・生活要求，生活アイデア困難・課題など発信

生活との共創による最適化

情報③　生活情報の解析と市場化

情報④　生活情報のデータ化

図9-1　生活と情報のかかわり

（筆者作成）

には生活者も情報の創造にかかわっていくことが大事で，自身の生活を見つめることから始める情報の創造，すなわち生活者視点を発信する姿勢が重要である。新たなテクノロジーはそのために活用する技術でもあり，生活者はこれらについて積極的に情報を集め正しく理解することが問われている。

　本章では，情報化社会にある情報，すなわち前述の情報③および情報④を視野に入れて，次項では情報化の中での生活変化をとらえる。次節「2　情報化社会における生活者のウェルビーイング」で，変化を人にとってよりよいものにしていくために生活者自身が生活に向き合う大切さについて考察し，後節「3　未来の生活と情報」では，科学技術を生活にどのようにかかわらせてとらえていくのかについて考える。

（3）情報化の中で生じている生活の変化

1）無意識に情報化される私のデータ〈情報④の事例〉

　私たちは Google Map を気軽に利用する。所要時間や移動方法など条件を選

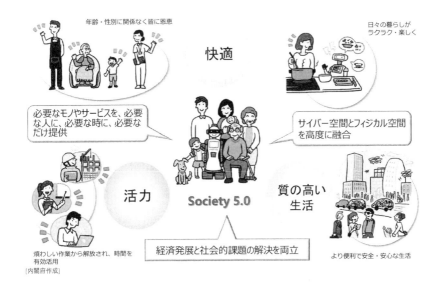

図 9 - 2　Society 5.0による「人間中心の社会」

出典）内閣府ホームページ：Society 5.0.

https://www8.cao.go.jp/cstp/society5_0/society5_0-2.pdf（2023年10月 8 日）

択して，おすすめ情報を活用しスマホ撮影を繰り返す。これらの利用者の行動
は，到着，滞在時刻 GPS など詳細な行動履歴として一連の写真も関連づけ「タ
イムライン」に記録されている。アプリの利便性を享受していく中で，便利な
アプリに紐づいている個人情報や同期している機能について，情報セキュリ
ティに対する不安原因として把握しておきたい。

2）効率性優先の「人間中心の社会」〈情報③の事例〉

　急激な少子高齢化によって生じている人手不足などの社会問題を，情報通信
技術（ICT），AI，ロボットなど最先端技術を活用して解決を図ろうと，政府
は「Society 5.0」構想[5]を示して進めている。図 9 - 2 に示すように，人やモ
ノ，情報などさまざまなものがつながって創る，これまでにない新たな価値を
中心に発展させる社会で，科学技術を活用した効率性を最優先にする，誰に
とっても快適で活力ある質の高い「人間中心の社会」であると紹介されてい
る。中核となる技術の一つがモノのインターネット（IoT）で，これまで考え

てもみなかったモノがインターネットにつながる。Apple Watch に代表される時計，自動運転する車，白杖機能をもつ AI スーツケース，高齢者見守りなどに活用されるベッドなど，その対象は拡大しモノ同士もつながろうとしている。場所や時間の制約なしで遠隔操作や情報収集，マネジメントができることになると，例えば過疎地の生活の不便や高齢者の移動，情報アクセスの不便などが解消するとされる。また，情報のデジタル化，いわゆるデジタルトランスフォーメーション（Digital Transformation，以下 DX）[6]も情報化を進める技術で，「ICT の浸透を通してあらゆる面でよい方向に変化させる」[*2]と謳われている。例えば，Amazon などでの商品購入は商品検索から購入までインターネット上で完結し，配送状況は可視化され利用者が確認できる。Uber のタクシー配車ではドライバー評価や運賃をあらかじめ情報として確認できるため利用時の不安は軽減する。サブスクリプションも DX の一つで，動画や音楽のネット配信，ファッションや自動車，インテリア，住まいなどまでもが定額制で提供され，モノを所有するという概念，消費行動を大きく変化させている。効率性，利便性を軸に情報を選択して生活を営むことがあたり前となりつつある。

3）人と人との関係への影響　〈情報③④の事例〉

　AI の進化は日常のいろいろな場面に変化をもたらしている。Siri や Alexa は，音声を文字変換して私たちの口頭での要求に対応する。スマホでの画像検索は，例えば「着物」「海」と入力すれば AI 画像認識機能が必要な情報にたどり着く。AI 技術の社会実装は，犬型ロボットのアイボを先駆けに，"感情をもった人に寄り添うロボット"[7]を謳う AI 搭載スマートロボット Pepper の登場で本格化した。その後，例えば会話中心の Romi，人を識別する LOVOT などのいわゆるコミュニケーションロボットが開発されている。AI によってロボットの動きに変化が生じてくるが，それらには"家族としての成長"や

＊2　DX の概念：「平成30年版情報通信白書」（総務省，2018）は，エリック・ストルターマンが 2004（平成16）年に提唱した概念として「ICT の検討が人々の生活をあらゆる面でより良い方向に変化させる DX」と記している。ストルターマンの主張は，デジタル技術の浸透が人々の生活のあらゆる面に影響することを示したものであるが，その後の発展を加味して 2022（令和４）年に再定義している（株式会社デジタルトランスフォーメンション研究所のホームページに詳しい）。

"可愛がってくれた人になつく"など人とのかかわりを強調した販促キャッチフレーズが用いられている。感情表現を情報として読み取るロボット研究も進んでおり，「私のことをわかってくれる」と思い込ませようとするような情報との付き合いは，ひいては人と人との関係性を歪ませていく要因にもなりかねない。

2 情報化社会における生活者のウェルビーイング

（1）生活と科学技術

　近未来をウェルビーイングへと導くのは科学技術だけなのではない。よりよい進展の方向やあり方を，生活と科学技術を共創させて探っていく生活主体，つまり生活者の積極的なかかわりを欠かすことはできない。生活とは，先に触れたように情報化においては切り取られた局面の事実・事象の集合に過ぎないが，生活者にとっては意思決定を積み重ねた行動の総体である。生活者は日々の生活に意識的に向き合って客観視し，大切にしている生活価値や生活要求を生活者一人一人のウェルビーイングや豊かさに近づけるために，社会の変化に積極的に共創させていくことが重要である。Society 5.0が示すのは，科学技術に頼る，変化が性急で，イノベーション的色合いが濃い未来である。生活者には，テクノロジーに関する学習と理解をベースにして未来を創ることに主体的にかかわることが求められる。

1）生活者視点からの「情報」の創出

　生活者視点から「情報」を創りだすとはどういうことなのだろう。生活者が生活課題に向き合って，生活事象を客観視するためにデータとして記録した「情報」が新たな価値の創造にまでつながった2例を紹介する。

　料理に利用する情報レシピは，昭和初期に蔓延していた脚気を予防しようと，女医香川綾がビタミンB_1を多く含む胚芽米をおいしく炊く条件を書き留めたことから始まっている[8]。その後一流の料理人の勘や経験に頼る調理工程を，調味料，加熱時間や火加減などを人海作戦で記録し数値化していった。そして，共有できる情報として蓄積した結果を整理して料理カード化した。これは時代を超えて共有され，今ではなくてはならない情報となっている。日々の

食事に，予防医学の観点から栄養学という新たな価値を持ち込み情報化に至っている。

　暗くて寒いのがあたり前だった台所を，戦後復興期に家族が集う表舞台に引っ張り出したのは建築家浜口ミホである[9]。ダイニングキッチン方式を新たに導入検討する過程で，従来型の設備配置を主張する家政学者の問いかけに対して，公開実験「従来型 VS 提案型」を実施した。調理動作（調理時間と歩数）を目視によって数値データ化して使いやすさを証明した。封建的意味合いの濃かった調理空間の設計に団らんの場という新たな価値を導き，合理的かつ豊かなダイニングキッチンの創造とその後の普及発展への情報を開花させている。

　いずれも貴重なデータの収集に多くのマンパワーを割いているが，かなり以前の事例であり，今日の情報化社会にあっては AI などのテクノロジーを活用してその労力は大きく軽減できるはずである。

２）生活者視点からの情報発信

①生活をデータとしてとらえて分析する

　就寝，労働，家事などに費やした時間など生活時間のマネジメントは，多くの人に共通した生活課題である。ただ，生活時間を把握することは大変難しく，国民生活時間調査なども複雑極まりない。しかし，これからの情報環境は記録方法を大きく変えることが期待される。例えば見守りカメラはその代表で，AI による画像認識技術によって生活時間や調理動作など可視化しやすくなり，自身の生活にデータ視点から向き合いやすくなるだろう。あまりにも日常的で，あたり前すぎると思っている行動や習慣も当事者がデータ視することで，客観的にとらえ多方面から理解することができる。そこから見えてくる課題に対して，目的を明確にとらえて条件などを設定することによって改善につながる必要な情報に的確にアプローチできるだろう。情報環境にはその自由性を求めたい。

②情報発信者になる

　かつてロボット開発者が食事に用いる食器について，種類・洗い方・積み上げ方法・最低必要な食器などのデータ知見を家政学専門家に求めたことがあった。物をつかみ移動する物体ハンドリング研究が目的で，日本の多様な食器の

種類に対応しきれない開発上の限界を克服するための問いかけだったが，残念なことに議論は展開しなかった[7]。今日，生活者には生活事象を分析して情報として発信し，生活者同士あるいは研究機関などと共有して，アイデアの創出や実現を共に進めようとする意識をもつことが重要だろう。私たちは便利なアプリを探し利用することには慣れているが，例えば自身の生活の困りごとを改善するアイデアや汎用 AI の活用方法を考えることにも着目したいものである。実現できるか否か，技術的な可能性はテクノロジーと共創して検討することになる。また，私たち生活者は，アプリ使用の前提として読む気にさせない難解な利用規約に同意を求められる状況について，わかりやすい情報の提供だけでなく，利用者が自分に合わせて安心して利用する使い方の自由性など，同意するかしないか二者択一に留まらない利用環境を，情報セキュリティも含めて，生活との共創という観点からアプリ提供側に求めていきたい。

（2）科学技術に対する生活者の主体性

　情報化社会に欠かせない AI やロボットを私たちはどのように理解し受け止め，またこれらに関する情報にどう向き合っていくべきだろうか。

　人とロボットとの共存について，筆者らは家政学とロボット工学をそれぞれ学ぶ学生間で議論を重ねてきた[10][11][12]。AI ロボット開発の過渡期にあって，来たるべき未来に向けて，ロボットのある生活を想像できていることを目指して活動を開始させた。ロボットに接することが少ない学生は，ロボットに恐怖や不安などの否定的な感情（新規恐怖）[13]を抱く傾向にあった。また自分には関係ないと思ってしまうことが，AI やロボットに関する情報を無意識に遮断してしまい，ひいては無理解を増長させていた。一方生活について，ロボット工学を学ぶ学生が，あたり前過ぎて主体的に向き合うことはあまりなかったけれども，生活を理解することがロボット開発に役立つことをあらためて認識したと記していた。往々にして情報とは，自身の興味・関心の中だけで収集されるもので，あたり前すぎると情報にならず（自明性），その代表が生活であることに留意を払っておきたい。異分野との交流や対話が情報域を拡大するだけでなく，新しい価値の創出の可能性につながることも指摘しておきたい。

　ChatGPT を使ったことがあるだろうか。いわゆる生成 AI の代表格で，自

然な対話を通じて，情報を調べたり，文章の作成の支援を得たりすることができる。提供されたデータの質や量によって誤情報が生じたり，思い通りの文章を生成しなかったり，またそこでの対話情報がその後どのように利用されるかわからないといった情報セキュリティの問題が指摘される。その一方で，人の想像力を支援する強力なツールでもある。他の AI 開発と同様に，ChatGPT も最終形として汎用性が目指されており，汎用的 AI 生活をよりよく変えていくためには積極的に取り入れられる必要性を専門家は指摘する。文部科学省はガイドラインとして，「活用が有効な場面を検証しつつ，限定的な利用から始めるのが適切」と，効果と影響がつかめない現段階で暫定的な見解を示した[14]。15〜69歳を対象としたインターネット調査結果をみると[15]，ChatGPT の使用率は 1 割程度に留まる中で，評価する使用者が一定数いる。その一方で，人と人とのコミュニケーションへの影響への懸念などが示されている。生活者は，問題意識をもって生成 AI に関する情報を確認し，特性をよく理解して試し，議論に加わる主体性をもっていたい。例えば食生活について，栄養，カロリー，購入場所，コストだけでなく，自身の生活スケジュールといった多様な要望を組み込みながら 1 週間の献立を生活に合わせてまとめ上げるような使い方などができるのではないだろうか。

3　未来の生活と情報

（1）近未来に向けたアイデア

　近未来に向けて，生活と情報との関係をどう築くことができるだろうか。確かなことは，その検討過程には生活主体が存在しなければならない。

　超高齢社会の近未来を，家政学の Future Proofing[7] 視点に立って，テクノロジーとの関連からどのような可能性があるのか，調理をテーマにして考えてみよう。豊かにするための方策はインスタント食品の開発や福祉的な食事サービス充実とその利用だけではないはずである。レシピアプリの活用が各家庭のメニュー拡大に大きく貢献していることに加えて，もしも調理工程がテクノロジーによって数値化，データ化されたらどのようなことが起こるだろう。栄養価，コスト，調理所要時間などをデータとして客観視でき，料理という行為が

エンパワーされるのではないだろうか。これまで目分量だった塩梅<ruby>塩梅<rt>あんばい</rt></ruby>までもが可視化されたら、また試行錯誤したことを数値結果として確かめられたら料理への興味は一層高まるだろう。さらに、物語性のある生活文化としてきわめて個人的なものである味や香りまで、データ化することも不可能ではなくなるはずである。味の記憶を情報として他の人たちと共有することも夢ではなくなる。新たな視点と発見の楽しみは、料理の価値や関心を高めることだろう。

（2）情報化社会における生活者の主体性

　情報通信技術（ICT）が支える情報化社会が、人々の、情報とのかかわりに大きな変化をもたらした。効率性、利便性、最適化を図る、政府が目指す、いわゆる「人間中心の社会」へと社会変革が求められる中で、生活者の行動は本人の意思にかかわらず、その方向に沿って自由が狭められ収斂されていく。近未来に向かっては、技術の進化の方向に人や生活が最適化されるばかりでなく、情報を最適化する方向に生活という営みをかかわらせることに、私たち生活者がいかに主体的にかかわっていけるかが問われる。例えば、与えられた情報やデータをそのまま受け取るのではなく、生活をよりよくしていく主体として、自身も記録しながらそのデータと向き合い分析して自分にとっての最適な状況を創り出すなど、生活という営みの自立性を保って科学技術との共創を図ることに常に関心をもっていたい。ここで学ぶスマホやインターネットなどのデジタル環境に囲まれて育ってきた若い世代が、生活の主体者として情報発信者となること、それを未来を創るさまざまな試み、例えば社会的な活動やこれからのビジネス、専門性に活かしていくことを期待したい。

　情報化社会とは、情報に利用される人を創っていく矛盾を必然的に内在している現象である。生活者は情報にどっぷり漬かって、それに振り回される情報弱者であってはならない。生活者は情報の利便性や効率性を享受するだけでなく、自分の生活に対するしっかりした価値観や豊かさを軸にした主体性をもって、情報の収集や選択、発信を行うことで情報の創造にかかわっていくこと、自身による正しさの検証を常に心がけていくことが大切である。

■引用・参考文献

1）小野厚夫：情報ということば—その来歴と意味内容．富山房インターナショナル，2016．

2）木村浩：情報デザインの基本4　情報とは何か．
https://www.geijutsu.tsukuba.ac.jp/~cookie/contents/basic/basic04.html
（2023年10月8日）

3）福田豊：多層化する情報技術の社会的インパクト．日本社会情報学会全国大会研究発表論文集，2005；20，205-208．

4）文部科学省：高等学校学習指導要領（平成30年告示）解説　家庭編，2018．

5）内閣府：第5期科学技術基本計画，2016．

6）経済産業省：デジタルトランスフォーメーションを推進するためのガイドライン（DX推進ガイドライン）．Ver.1.0，2018．

7）小倉育代：これからの家政学—ロボットとの関わりを視点に—．（一社）日本家政学会家政学原論部会編：やさしい家政学原論，建帛社，2018，pp.131-141．所収

8）香川綾：香川綾　栄養学と私の半生，日本図書センター，1997．

9）北川圭子：ダイニング・キッチンはこうして誕生した　女性建築家第一号浜口ミホが目指したもの，技報堂出版，2002．

10）高松淳・小倉育代・小笠原司：講義を通じた家政学及びロボティクス学生のロボットに対する意識の違いの明確化．ロボティクス・メカトロニクス講演会2020．

11）高松淳・小倉育代・小笠原司：講義を通じた家政学学生がロボットに対して恐怖を抱く理由の解明．ロボティクス・メカトロニクス講演会2021．

12）高松淳・小倉育代：エンパワーの観点から見た生活支援ロボットに関する異分野学生による討論．日本家政学会大会発表，2022．

13）橋元良明：メディアと日本人—変わりゆく日常，岩波新書，2011．

14）文部科学省：初等中等教育段階における生成AIの利用に関する暫定的なガイドライン，2023．

15）日本のChatGPT利用動向（2023年4月時点）．（nri.com）
https://www.nri.com/-/media/Corporate/jp/Files/PDF/knowledge/report/cc/digital_ecoecon/20230526-1.pdf?la=ja-JP&hash=DB80CB892BBBC69DE39A0789444834BF80045D8D（2023年10月8日）

生活と経済

　生涯の生活を営んでいくためには多額のお金が必要であり，生活上の不安の内容としても経済的な事項は上位にあげられることが多い*1。本章では，家計実態や家計管理について取り上げ，経済的な側面からウェルビーイングに向けた課題や対応を考える。

1　生活に必要なお金

　生涯生きていくにはどの程度のお金が必要だろうか。1人で暮らすのか友人や家族と暮らすのか暮らし方によって必要な費用は異なるが，ここでは1人で暮らす場合（単身世帯）について，総務省「家計調査」の結果を用いて試算してみよう*2。雇用者として働いている場合には1か月当たりの支出は約25万円（平均年齢約43歳），無職の場合（平均年齢約75歳）には同約15万円である。20歳を起点に65歳まで就労し，その後引退する場合，90歳までで約1億8,000万円，100歳までで約2億円必要ということになる。ここで示した金額は平均値である。勤労者の単身世帯の持ち家率は約3割で住居費の平均月額は約3万円である。住宅の所有状況や家賃の額によりもっと多くの住居費が必要となるかもしれない。また，試算には物価変動を考慮に入れていないが，物価が上昇すると想定するとさらに金額は大きくなる。

　同調査で2人以上の世帯では，世帯主が雇用者の場合の1か月当たり支出の平均額は約43万円である。世帯の平均人数は約3.3人であり，単純に1人当た

---

*1　例えば，内閣府による「国民生活に関する世論調査（令和4年10月調査）」によると，日頃の生活の中で，悩みや不安を感じている割合は「どちらかといえば感じている」を含めると78.0％を占め，その内容として，老後の生活設計（1位）や収入や資産の見通し（3位）の選択率が高い。なお，2位は自分の健康。

*2　2018〜2022（平成30〜令和4）年までの5年分の平均値をもとにした概数で算出。支出額は後述の実支出の金額。

りの支出額を算出すると13万円である。ひとり暮らしの雇用者の支出額に比べ大幅に低い。これは持ち家率が8割程度であり住居費（住宅ローンの金額は含んでいない）が低いことのほか，外食の利用状況などのライフスタイルの違いもあるが，鍋や浴槽など人数が増加しても必要数や量があまり異ならないものも少なくなく，規模の経済性[*3]が働いている。

2　収入と支出

　家計の収入，支出は表10-1のように分類される。収入について，実収入は家計の純財産高（資産から負債を差し引いた金額）を増やす収入であり，実収入以外の収入は預貯金などの資産減少や負債増加を伴う収入である。借入金は一時的には純財産高を増やしたようにみえるが，受贈されたお金とは異なりいずれ返済の必要があるため実収入以外の受取に分類される。支出の区分は収入区

表10-1　収入と支出

受取（収入総額）	実収入	経常収入　勤め先収入　事業・内職収入　他の経常収入　財産収入　社会保障給付　仕送り金	支払（支出総額）	実支出	消費支出*
					非消費支出　直接税　社会保険料　他の非消費支出
		特別収入		実支出以外の支払	預貯金　保険料　有価証券購入　借金返済　財産購入　その他
	実収入以外の受取	預貯金引出　保険金　有価証券売却　借入金　財産売却　その他			
	繰入金			繰越金	

*　家計調査では，消費税は消費支出に含まれている。
出典）総務省：家計調査をもとに筆者作成.

[*3]　規模が大きくなることで単位当たりの費用が低減すること。家計においても世帯人数が増えることで1人当たりの金額が小さくなっている。

分と対になっており，家計の純財産高を減らす支出が実支出である。実支出は，消費支出（衣食住や保健医療や教養娯楽などの生活費）と非消費支出（税金（直接税）や社会保険料など）に分類される。住宅ローン返済は借金返済の一つであるため，実支出以外の支払に区分される。収入や支出は一定期間の金額の出入りをとらえており，繰入金は前の期（例えば前の月）から引き継いだお金，繰越金は次の期に引き継ぐお金のことを表している。

　現役の期間には実収入を中心に家計運営を考えるが，高齢期には公的年金（実収入）のほか，預貯金の引き出しなど実収入以外の受取も含めて家計運営を考えることになる。税金や社会保険の金額は収入額や家族の状況により決められている。実収入から非消費支出を差し引いた金額を可処分所得といい，家計が自由裁量で用いることができる。可処分所得から消費支出を差し引いた金額（実収入から実支出を差し引いた金額）がプラスであれば黒字，マイナスであれば赤字になる。家計の運営においては，可処分所得を今使う消費支出に回すのか，将来用いる貯蓄に回すのか，過去の借入の返済に回すのかを考えることになる。可処分所得の中で消費支出に回す割合を平均消費性向という。

　収入や支出のように一定期間のお金の流れをフローという。このほか，ある時点でどの程度お金を保有しているか：貯蓄（資産），借入残高があるのか：負債といったストックで家計をとらえることもある。フローの預貯金がストックとして蓄えられたり，ストックの預貯金を引き出したり，預貯金に利息がつき財産収入として受け取るなど，フローとストックは相互に連動している。

③　生活変化に伴う家計の変化

　年齢上昇とライフステージの変化に伴う家計の変化を取り上げる。

（1）世帯主の年齢別収入・支出

　図10-1には2人以上の世帯における世帯主の年齢と収入・支出の関係を示している。50歳代まで消費支出額が上昇しているが可処分所得も増加し黒字になっている。退職後無職になった場合，支出が収入を上回る赤字になっており，貯蓄取崩しや個人年金（保険）を受け取って対応している。高齢期の可処分所得の大部分は公的年金によるものであり，公的収入に加え貯蓄引き出し等

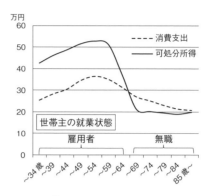

注：世帯人員2人以上の世帯。64歳まで雇用者として就労，以降は無職の設定。

図10-1　世帯主年齢別の収入と支出（月額）

出典）総務省統計局：家計調査（2017，2018，2019，2022）データを元に筆者作成.

で対応可能であるから，就業しない選択が可能，という見方もできる。家計の消費額を説明する消費関数の仮説の一つに，ライフサイクル仮説がある。図10-1に示すように，現役時代には可処分所得が消費支出を上回り，その中から貯蓄して引退後に備えていることが読み取れる。短期的な収支バランスだけでなく，生涯の生活を視野に入れた長期的な経済計画を考える必要がある。

（2）ライフステージ別消費構造

　図10-2には夫婦のいる世帯のライフステージ別の消費構造を示している。ライフステージによらず，外食を含む食料費，交通・通信費，教養娯楽費の割合が比較的高い。基本的な生活内容を表すときに「衣食住」という語を用いることがあるが，被服および履物費の割合はいずれのライフステージでも低い。

　以下，ライフステージ間の違いを検討する。持ち家率の低い夫婦のみや長子が未就学の場合，家賃分の支出が発生するため住居費の割合が高くなっている。子どもの成長に伴い教育費割合が増加し，長子が大学等に在学中には消費支出の4分の1を占める。高齢期には，保健医療費のほか，交際費の割合が他のステージに比べ高い傾向にある。ライフステージにより消費の重みのかけ方が異なることがわかる。

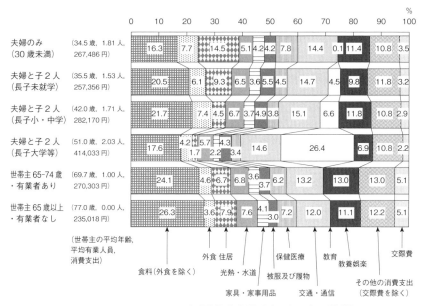

図10-2　ライフステージ別消費支出構造（2人以上の世帯）

出典）総務省：令和元年全国家計構造調査　家計収支に関する結果　結果の概要，2021，p.11.

4 現代の家計の特徴

本節では，キャッシュレス化と消費者信用の利用を取り上げる。

（1）キャッシュレス化

支払いの場面で現金ではなく，カード，スマートフォン（以下，スマホ）や
スマートウォッチなどの情報端末で支払うことが増加してきている。給料の
受取りや公共料金の支払いでの銀行等の口座を介した決済は，1974（昭和49）
年には国家公務員給与の口座振込制が導入されており，以前から浸透してい
た。カード払いについても，1980年代には公衆電話や交通機関で使用する磁気
式プリペイドカード，1990年代には交通系のICカードが導入され，幅広い世
代に利用されてきた。前払いのプリペイド型だけでなく，即時払いのデビット
カードや後払いのクレジットカードなど，何枚ものカードを持ち歩くことも一
般化してきていた。これらの機能のスマホ上への搭載利用やQRコードなどを

スマホで読み取るコード決済も広がりつつある。海外では，NFC（near field communication；近距離無線通信）チップを体内に埋め込み，手ぶらでの決済も利用されている。

　海外諸国に比べ現金使用率が高い日本の状況に対して，2018（平成30）年に経済産業省は「キャッシュレス・ビジョン」を提示し，生産性向上や犯罪抑止，消費者の利便性向上などを目指して，支払いのキャッシュレス化を積極的に推進してきている。図10-3 にはキャッシュレス化の度合いを示しており，2022（令和4）年には支払額の36.0％を占める。この値には銀行の口座振替が含まれていないことなどから，新しい算定式が検討され，口座振替分を含むな

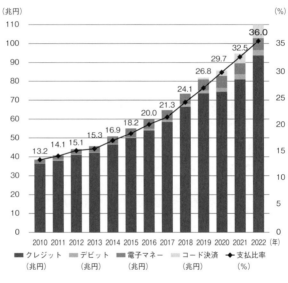

（出典）
内閣府「国民経済計算」（名目）
クレジット　　：（一社）日本クレジット協会調査（注）2012 年までは加盟クレジット会社へのアンケート調査
　　　　　　　　結果を基にした推計値，2013 年以降は指定信用情報機関に登録されている実数値を使用。
デビットカード：日本デビットカード推進協議会（～2015 年），2016 年以降は日本銀行「決済システムレポート」
　　　　　　　　・「決済動向」。
電子マネー　　：日本銀行「決済動向」。
コード決済　　：（一社）キャッシュレス推進協議会「コード決済利用動向調査」。

図10-3　キャッシュレス化の推移（キャッシュレス支払額（左軸）・比率（右軸））

出典）経済産業省 HP. https://www.meti.go.jp/press/2023/04/20230406002/20230406002.html
　　　（2023 年 9 月15日）

どした方法では約54 %（2021（令和 3）年）である[1]。将来的にはキャッシュレス決済比率80 %が目指されている。経済産業省が実施した消費者への調査では，現金の方が直感的にお金を使ったことを感じられるという意見があるが，使いすぎへの不安はあまり意識されていない。キャッシュレス決済では現物としてのお金の動きは見えにくくなるが，取引きがデジタルデータとして蓄積されるため，スマホなどでお金の動きを可視化して家計管理が行いやすくなる側面もある。海外での研究であるが，支払いの手段による購買意欲への影響を比較し，チェック（小切手）支払いの方がクレジットカード支払いよりも次の購入を抑制する傾向がみられたことから，小切手に支出額を書き留め意識することが購買意欲にかかわっている可能性があること[2]や，価格を高いと感じることは痛みの処理にかかわる脳の部分を作動させていることを明らかにし，支出の痛み（pain of payment）と表現し，この痛みを感じることが購買意欲にかかわる可能性があること[3]が示されている。キャッシュレス利用の場合，消費者側が利用額を意識的に認識しようとする必要性が示唆される。

　購買履歴が情報として蓄積され事業者が利用しやすくなることや不正利用，ネットワークや機器のトラブルによる決裁サービスが使用できなくなることに対しては，消費者だけでなく事業者などによる対応や法整備などが必要である。一層キャッシュレス化が進む中で，消費者は改めて自身の購買行動や家計管理の方法について検討することが必要になっている。

（2）消費者信用

　消費者信用とは，消費者の返済能力を信用し金銭を貸し出すしくみのことである。この中には，ものやサービス販売時に提供する販売信用（クレジット）と，販売とは切り離して金銭を貸し出す消費者金融（ローン）がある（自動車ローンなどのように販売と関連してローンが用いられることもあり，クレジットとローンは厳密な使い分けは行われていない）。お金を借りることが容易ではない場合，高額商品購入時には貯蓄をして手に入れることになるが，消費者信用を利用することによりお金がなくても前倒しで手に入れることが可能になった。キャッシュレスの一形態であるクレジットカードは消費者信用のしくみの一つであり，一旦審査を経て会員になりカードが発行されると，クレジット会社の

加盟店であれば国内外問わず，後払いで利用することができる。後払いは，すなわち借金である。

　図10-3に示すように，キャッシュレス決済の大部分がクレジットである。通常の買い物は消費者と販売者の二者間契約であるが，クレジット利用ではクレジット会社を含む三者間契約となる。分割払いやキャッシング（クレジットカードで金銭借入）では手数料が必要になることが一般的であり，その分を含めて返済することになる。分割払いの一つであるリボルビング払いは返済金額を一定額にするなど，家計管理しやすい側面がある一方，借入残高を把握しにくく多重債務に陥る可能性もはらむ。クレジットの利用や返済の履歴は信用情報機関*4に登録されることになっており，その情報をクレジット・ヒストリーという。返済遅延が繰り返されると新たな借入ができなくなる場合もある。

　消費者のクレジットやローンのクレジット・ヒストリーを扱う信用情報機関の一つである株式会社シー・アイ・シーによると，割賦販売（分割払い）で個別クレジットの残高がある人数は2022（令和4）年度末で4,213万人であり，そのうち3か月以上返済が遅延している人数は300万人である。返済困難になった人への調査では，借金の理由として借金返済をあげることも少なくない。消費生活センターや法テラス（日本司法支援センター）など公的機関において多重債務の相談が行われている。自分で返済能力を考慮した利用が最優先であるが，返済困難になった場合には，上記のセンターや信頼できる民間の相談機関などに相談することが不可欠である。生活再建に向けて借金返済の義務が免除される自己破産*5などの制度も存在している。

5　家計管理と生活設計

（1）家計管理

　近年，日本だけでなく多くの国で金融教育の必要性が提唱され，金融リテラシーを高める活動が推進されている。この背景には，長寿化や年金制度の変化，金融商品の増加・複雑化などがある。お金や金融のしくみなどを知識として理解するだけでなく，実際に活用できるような技能や動機，自信を獲得し，適切に意思決定できる状態に到達できるよう，教育機関だけでなく，金融関係

の企業や組織により取り組みが進められている。

　金融庁や関係機関などによる金融経済教育研究会は，金融リテラシーを「家計管理」「生活設計」「金融知識及び金融経済事情の理解と適切な金融商品の利用選択」「外部の知見の適切な活用」の4分野に大別し，「一人の社会人として，経済的に自立し，より良い暮らしを送っていく上で，最も基本となるのが『家計管理』と将来を見据えた『生活設計』の習慣」としている。よりよい暮らしに向け，限られた収入の中で必要なものやほしいものを購入するために，収入や支出，貯蓄や負債の実態を把握し，現在の生活だけでなく将来の生活も考えながら，家計運営の課題，方針を検討することになる。

　前節で取り上げたように，キャッシュレスや後払い（借入）の利用が広がっており，見えなくなっているお金の動きを可視化して家計管理することが必要である。家計管理には家計簿が用いられるが，冊子のものだけでなく，スマホなどの情報端末上で管理することもできる。記帳目的により，費目（消費支出の内訳）分類の必要性，区分方法は異なる。赤字になっている場合，費目分けした支出金額を捕捉していれば，削減対象の検討を行いやすい。図10-1の消費支出は平均値で作成しているためおおむね滑らかに変化しているが，実際には冠婚葬祭行事や耐久財の買い換えなど月々に変動している。短期的には赤字になることもあるが，数か月単位など少し幅をもたせながら収支のバランスを考えることも必要である。

（2）夫妻間の家計管理

　「家計調査」では，世帯構成員の収入，支出を一括してとらえているが，家計管理のタイプは一律ではない。図10-4には夫妻のお金の家計管理タイプを例示している*6。一体タイプのように2人の収入を一括して共通の財布で管理

＊4　信用情報機関：借入について，借入額や返済状況などの情報を登録する機関。貸付事業者は貸付時に登録された信用情報を確認し，消費者の返済能力を調査することになっている。

＊5　自己破産：裁判所に破産申立てを行い，免責が認められれば必要最低限の財産は残し，それ以外の財産を処分し借金を清算することにより残りの借金返済は免除される。ただし，税金滞納分など免除されないものもある。

＊6　夫が家計管理する場合もあるが，日本では妻が管理することが多く，図10-4には妻管理のタイプのみを取り上げている。

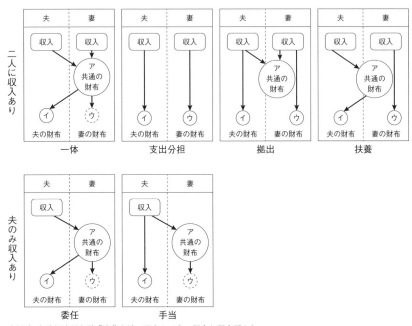

（公財）家計経済研究所「消費生活に関するパネル調査」調査票より

図10-4　家計管理のタイプ

出典）重川純子：夫婦間の家計管理タイプの変化. 家計経済研究, 2017；114, p.40.

するタイプ以外に，支出分担タイプのように共通の財布は持たず，共同的な生活部分の分担について，例えば，家賃は妻，光熱費は夫が支払うというように分担を決めて各人が責任をもつ場合もある。拠出タイプでは各人のお金を確保しつつ，共通の財布にお金を拠出している。扶養タイプでは，夫妻双方に収入はあるが共通的な支出は夫の収入で賄い，妻の収入は妻自身のために用いている。夫のみに収入がある場合，生活は夫の収入で賄われるが，家計管理者である妻にすべてを渡す場合（委任タイプ）だけでなく，夫が自分自身のお金を確保し，残りを妻に渡す場合（手当タイプ）もある。

　妻が20歳代から50歳代の女性への調査により夫妻間の家計管理状況をみると，約半分の世帯で妻が夫妻の全収入を管理している[4]。妻に収入がある場合，妻がすべてを管理する割合は約4割である。拠出タイプは1割強，支出分

担タイプの割合は1割弱である。以前に比べ，少しずつであるが独立性の高い家計管理タイプの割合が増えつつある。支出分担タイプは夫妻それぞれの収入，世帯所得が比較的高く，家計簿記帳や意識的に貯蓄を行う割合が他の家計管理タイプに比べ低い。共通の財布がない場合は夫婦どちらか1人が集中的に管理している場合に比べ，短期的な支出分担のあり方だけでなく，長期的な生活設計の中で自分のお金と家計共通のお金をどのように位置づけるかを夫妻間で調整する必要性が高い。

（3）生活設計

　将来どのように生活をおくりたいか，どのようなことを実現したいか，それらはいつ頃を予定しているだろうか。夢や目標として描いたライフデザインを実現するために具体的な計画を考えていくことを生活設計という。最初から明確な目標を掲げる場合だけでなく，キャリア形成は偶然の出来事を活用しながら行われるとするプランド・ハプンスタンス理論[5]のような考え方もある。そのためには，選択肢を狭めてしまわないよう視野を広げ，失敗をおそれず挑戦し，行動を起こす，学習し続ける，好奇心をもつ，などが重要となる。

　お金がかかる場合には費用の見積もりと経済計画を考えることになる。大きなお金がかかる教育，住宅，老後を三大費用と呼ぶこともあり，貯蓄目標としてあげられることも多い。貯蓄だけで賄いきらず教育ローンや住宅ローンなど借入で対応することもある。夢や目標がたくさんある場合，得られる収入の中で賄えるのか，就労や投資により収入を増やすことを考えたり，実現したいことの優先順位を決めたりすることになる。

　病気や失業，災害など，起こらない方がよいが起きるかもしれないことにはどのようなことがあるだろうか。これらへの対応を考え準備しておくことをリスクマネジメントという（第4章参照）。発生抑止，被害の低減，生じた場合の経済的対応としては貯蓄や保険を活用することになる。病気になった場合，公的医療保険に加入していれば窓口で支払う金額は医療費の3割分など一部のみである。さらに1か月の医療費の支払金額が高額の場合には高額療養費制度で大幅にカバーされる。経済計画を考える場合，公的制度に関する情報の収集を積極的に行うことで過大な私的準備を避けることができる。

　公的制度を含め，自分や家族が保有している生活資源（お金やもの，空間，時間，ネットワーク，人間関係など）を確認し，夢や目標実現に生かせそうなものがないか，ない場合には資源を増やすことを考える。

　夢や目標や生活資源の状況，必要な金額が変わることもあるので，時々生活設計の見直しが必要である。公的な制度や社会のしくみについても，既にあるものを前提にするだけでなく，自分にとって，また他の人にとって必要と考える制度をつくったり，変えたりする取り組みにかかわることもできる。

　経済面でのよりよい暮らしの目的は，なるべく多くの収入や貯蓄を確保することではない。必要に応じて収入増加を図りつつ，なるべく満足が得られるような効率的な配分（使い方）を考えることである。楽しみを得るためには時間を費やすことが必要なことも多く，時間の使い方とも重ねながら，いかに収入を得て，いかに使うかを考えることになる。

■引用・参考文献

全編を通して

・重川純子：改訂新版 生活経済学，放送大学教育振興会，2020.
・吉野直行監修，上村協子・藤野次雄・重川純子編著：生活者の金融リテラシー，朝倉書店，2019.
・経済産業省商務・サービスグループ：キャッシュレス・ビジョン，2018.
1）経済産業省商務・サービスグループ：キャッシュレスの将来像に関する検討会とりまとめ，2023.
2）Jashim, K., Craig-Lees, M.："Cashless" transactions：perceptions of money in mobile payments. *International Business & Economics Review*, 2009；1-1；23-32.
3）Brian, K., Rick, S. et al.：Neural Predictors of Purchases. *Neuron*, 2007；53；147-156.
4）重川純子：夫妻間の家計管理タイプの変化. 家計経済研究，2017；114；38-47.
5）クランボルツ, J.D., レヴィン, A.S. 著，花田光世・大木紀子・宮地夕紀子訳：その幸運は偶然ではないんです，ダイヤモンド社，2005.

住 生 活

　住生活はSDGs 17の目標のうち，「3　すべての人々の健康な生活を確保し，ウェルビーイングを向上させる」，「11　すべての人が住み続けられるまちと地域をつくる」，「7　すべての人々の，安価かつ信頼できる持続可能な近代的エネルギーへのアクセスを確保する」に関係している。本章ではそれらを鑑み，人が健康に安定して暮らしていける器である住居や地域社会での生活について述べる。

1　住生活の基礎

（1）住まいの本質

　住居は，安全で健康を脅かさず，食事，睡眠，排泄などの生理的欲求を満たすために必要な場所，器であり，ウェルビーイングのためには最初に満たされる必要がある[1]。また，住む，生活するという行為は個人だけでなく，夫婦や家族など複数人で行う場であり，子どもが育つ場所でもある。社会経済の諸活動に参加していくための裏方ともいえる休養の場でもある。個人の住生活の充実がウェルビーイングを向上させる。

　人が住むことによって形成される近隣との関係，住環境，コミュニティや地域社会はまちづくりの基礎となる。人が住む，生活することによって，商業施設，学校や生活を支援する行政区が運営する関連施設を包含し，地域社会となる。行政区である自治体が市街地そのものをつくる都市計画という概念はあるが，地域社会は人が介在して成り立つコミュニティの総体であり，そこでの関係やコミュニケーションがウェルビーイングに直結する。

（2）変化する住生活

1）家族構成の変化

　現在，家族の形態やライフスタイルは多様化している。高度経済成長期

（1955～1973（昭和30～48）年）には都市への人口集中に対して住宅不足を解消するため，鉄道の敷設とともに都市近郊に宅地を造成し，集合住宅群を意味する団地開発が行われてきた。団地では夫婦だけの生活から，子どもが2人生まれ，家族4人の生活へと変化する画一的な2DKのモデルで平均的な住まい方[2]が検討されてきた。同一の住宅でライフステージにより部屋の使い方（住まい方）を変化させて対応してきたのが，1980年代になると住み替え，買い替えというコンセプトで不動産が流通し，家族の成長，住要求の変化により新たな住宅を取得したり，別の住宅に引っ越したり住み替え対応していく場合が顕著になってきた。1990（平成2）年以降，生涯未婚率（50歳時点で一度も結婚したことのない人の割合）が急激に上昇し，男性の生涯未婚率は，2020（令和2）年には28.3％となった（総務省：国勢調査）。高齢化と家族形態の変化があいまって，高齢者や中高年層の単身世帯が増えてきている。

　「老人ホーム」という呼称は，1963（昭和38）年には老人福祉法によって高齢者が入所する施設の正式名称と定められた。老人ホームには公的施設と民間施設の2種類があり，さらに，入居する高齢者の介護度や費用，認知症の有無などによってさまざまなタイプの施設に分けられている。

2）地域社会での住生活

　新しい土地に移り住むときに考慮・検討すべきことは，敷地に関しては土地の造成が法律に則って実施されているかどうかであり，身の回りの災害リスクを調べるハザードマップを参考に，危険な場所や災害リスクを把握しておく必要がある。近年，大規模災害が頻発し，地震災害や豪雨など風水害の被害は死者や行方不明者を出すとともに甚大な住家被害も報告されている。個人としてもリスクを把握し，避難路や指定されている避難場所・避難所を確認し，非常時に備えておく必要がある。

　日常の行動範囲は，交通機関の発達によって広がっており，仕事のために長距離通勤を余儀なくされる場合もある。日常の生活行動圏では，学校や公共施設，商店などの商業施設など生活に必要なインフラが徒歩圏内にあることが一つの目安となり，子どもから高齢者，障害のある人々が生活し，支障なく移動するための安全面の配慮がされている必要がある。地域においては核家族化や

共働き化で日中の在宅率が低下するため，犯罪防止や防災面での取り組みが必要になる。

3）今日的な問題

わが国の人口減少は既に始まっており，近い将来1億人をきって8千万人まで減少すると予測されている。地方においては過疎化が進み，限界集落と呼ばれる高齢者が住人の半数を超える地域も出現し，地域共同体が機能しなくなっている状態が発生している。

一方，都市では住戸数は現在も増加しており，大量の住宅ストックが余っているにもかかわらず，新築住宅が次々と建設され続けている。この要因の一つとしては，住宅・建設業者など，住宅をつくる側の収益構造の問題があげられる。建売住宅や分譲マンションは賃貸とは違い，「つくっては売る」を繰り返して収益を確保するビジネスモデルで成り立っており，住宅過剰社会になっている[3]。海外に比べると規制がゆるいわが国の都市計画であり，自治体が立てた立地適正化計画に基づき，都市全域を見渡し策定されたマスタープランを強力に推進する必要がある。

2　室内環境と健康への影響

住居は屋外の自然条件を屋根や壁体などの構造物によって遮り，緩和し，生活しやすい環境をつくりだす気候緩和作用をもつ。室内環境は住宅の構造特性のみに依存するのではなく，暖冷房，換気など設備機器によって調整することができる。

（1）換　　気

室内空気と屋外の新鮮な空気が入れ替わることを換気という。室内空気を清浄に保つためには，換気する必要があり，自然換気と機械換気[*1]に大別される。1980年代後半から，新築住宅に居住し始めた人が，目がチカチカする，鼻水が出る，ひどい場合には吐き気や頭痛などのシックハウス（sick house）症

---

*1　自然換気と機械換気：自然換気には，自然の風を利用して行う風力換気や温まった空気の上昇を利用した温度差換気がある。反対語は機械換気。送風機，または排風機を用いる強制的な換気で，電気を使用する。

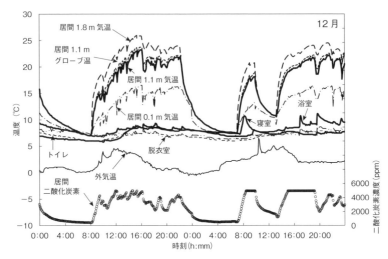

左軸は温度（℃），右軸は居間の二酸化炭素濃度（ppm）。

図11-1　室内温熱・空気環境の実態（冬期の東北地方の戸建て住宅での実測）

出典）森郁恵・都築和代ほか，2014．引用・参考文献4），p.1062．を参考に作成．

候群を発症し世界的に問題になった。原因究明の結果，建材や内装材に含まれていたホルムアルデヒドなどの揮発性有機化合物（VOC）が室内で揮発し，居住者の健康を脅かすことがわかった。わが国でも発生源を減らすために建材への化学物質の使用が規制されるとともに，高気密高断熱住宅では0.5回/時の機械換気の設置が改正建築基準法（2003（平成15）年）で定められた。住居では人が心や体を健康的に維持して生活できる空間や環境が必要であり，子どもや高齢者は成長・発達や老化の過程にあるため，注意や細やかな配慮が必要になる。

　わが国では1970（昭和55）年に「建築物における衛生的環境の確保に関する法律」（通称，ビル管法）が制定され，建築物環境衛生管理基準が定められ，温度18℃以上28℃以下，相対湿度40％以上70％以下，二酸化炭素1,000ppm以下を推奨している。

　東北地方の戸建て住宅における室内の温度分布と居間の二酸化炭素濃度を測定した結果4）を**図11-1**に示す。石油ストーブ（開放系の燃焼器具）が暖房に使

用されているため，長時間にわたり二酸化炭素濃度が5,000 ppm を超えていた。この値はビル管法の推奨値1,000 ppm をはるかに超えている。燃焼器具の継続使用は酸素不足を生じることもあり，結果として不完全燃焼により毒性の高い一酸化炭素濃度が高くなりやすい。機械換気がついていない住宅では１時間に１回程度窓開け換気することが推奨される。

（2）温　　度

WHO（世界保健機関）は住宅と健康のガイドライン（2018）[5]で過密な居住空間，低温・高温な室内，家庭内でのけがの危険性，障害者住宅などに関係する推奨事項に関して情報を提供しており，その中で室温は18℃以上を推奨している。わが国では，ビル管法でオフィスビル等について18℃〜28℃を推奨しているが，住宅や居住施設についての基準は定めておらず，居住者任せになっている。

わが国の場合，屋内全体を暖める中央式ではなく，局所式の暖房が採用されているため，建物内に暖房室と非暖房室が存在する。図11-1に示すように局所式の家の脱衣室やトイレは10℃以下とほとんど暖房されていない。人が常時いる居間は継続的に暖房されているが，高さ1.8 m（頭部付近）では25℃，1.1 m（座位の顔付近）では20℃，0.1 m（足元付近）では15℃と，室の上下方向に10℃以上の温度差が観察された。つまり，建物内でも，暖房されている室においても，常時10℃程度の温度差にさらされて生活している。

非暖房室の脱衣室，浴室やトイレは低温であるため，高い湯温や長時間の入浴を好む人も多く，浴室で亡くなる人が年間１万人以上にのぼると報告されてきた。これは血圧の急激な変化によって心筋梗塞や脳卒中，失神など健康被害を引き起こしたと考えられ，ヒートショックと呼ばれている。消防署への救急要請があり，浴室まわりでCPA（心臓機能停止者）と報告された対象者の年齢別，月別の数を図11-2に示す。高齢になるほどCPAの発生件数は増え，80歳代前半で約500件と最大数を示していた。CPAの発生は１年の中では７月〜９月に少なく，12月〜３月には月に1,000件以上と寒い時期に増える実態[6]が示された。安全に入浴するためには湯温を40℃以下，入浴時間を10分以下にするなどの入浴行為が推奨されているが，脱衣室や浴室をあらかじめ温めてお

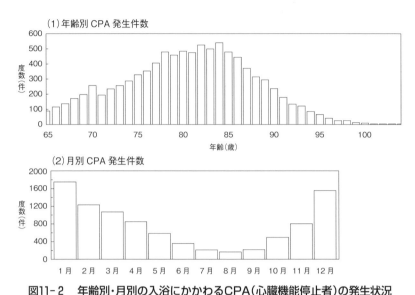

図11-2　年齢別・月別の入浴にかかわるCPA（心臓機能停止者）の発生状況

出典）全国の消防署に依頼した毎月の報告書データから筆者作成.

くことも身体負担の面からは有効な取り組みである。室間の温度差や暖房室の上下温度差を小さくするためには，住宅の断熱性や気密性を高める必要がある。日本は南北に長いため，気候区分別に推奨される断熱材*2等の性能が定められている。

　図11-1の室温の分布で寝室は10℃以下になっていたが，睡眠調査の結果[4][7] は，居住者が使用する寝具を増やすことによって布団と人体との間に形成される寝床内の温度をコントロールして健やかに眠っていた。一方，夏期の高温高湿な環境は，エアーコンディショナー（エアコン）により26℃程度に冷房した場合に比べ，睡眠効率が約20％低下していた[7]。高温高湿な環境で人は汗をかきやすいが，その汗の蒸発は高湿により妨害されるため，体温調節は不利になる。睡眠中の体温調節能力は起きているときに比べて低下している

───────────

*2　断熱材：建物の外側に面する床や壁，天井や屋根などに貼り付けることで熱の伝達を遅らせ，室内での暑さや寒さを防ぐ建築資材。

ため，有効な体温調節をするために睡眠の途中で脳が体を覚醒させていたと推察されるとともに，蒸発しない汗が皮膚に滞留し不快感を引き起こすことも覚醒を増やす可能性がある。高温高湿な環境では，扇風機等による送風が対流放熱の増加に有効であり，寝入り端や深い睡眠が出現しやすい睡眠時間帯の前半によく眠るためにはエアコンによる温度調節が有効である[7]。

　近年，地球温暖化や都市の温暖化の影響により猛暑日や熱帯夜が増え続けている。しかし，夏期の夜間，外気温の低下とともに室内のエアコン冷房を停止させる人は多い。これはエアコンの長時間使用による冷え過ぎの懸念や電気使用料が気になるなどの理由もある。エアコン冷房をタイマー設定で使用する場合，タイマーが切れると暑くて目覚めるため冷房を入れ直す，とはよく聞く話であるが，その現象は十分解明されていない。そこで，夜間就寝時に，エアコン冷房を23時30分〜1時30分の2時間で停止するようにタイマー設定し，一晩の室内と住宅周囲の温度と湿度を測定した結果を図11-3に示す。この住宅は高気密高断熱住宅であったため，改正建築基準法で定められた0.5回/時の機械換気が入っていた。つまり，2時間に1回建物内のすべての空気が入れ替わることを意味している。

　外気温は日没後に徐々に低下し，日の出前の午前5時頃25℃で最低となった。エアコン稼働時の室内温度は25℃で安定しているが，タイマーが切れると室内温度は急上昇した。この室内温度の上昇は外気温よりも高く，換気によ

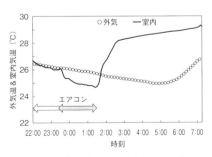
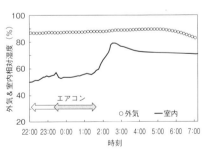

エアコンは27℃設定から，タイマーで26℃，23：30〜1：30に設定。

図11-3　住宅室内と住宅周囲の温度（左）と湿度（右）を一晩測定

出典）都築和代，2023，引用・参考文献8）p.47を参考に作成.

る外気流入の影響だけとは考えにくい。エアコン停止により，住宅の躯体に蓄熱された熱がそれまでエアコンで冷やされていた室内側に放出された影響と考えられる。その後も室内気温はわずかに上昇し，朝7時には29℃であった。屋外の相対湿度は一晩中90％であったが，室内の相対湿度は冷房中には約50％であった。しかし，タイマーが切れると約1時間で80％まで急上昇し，その後やや低下し，朝7時には70％になっていた。

　このように，地球温暖化や都市の温暖化は気温に加え，日中，太陽にさらされ建物の躯体に太陽熱が蓄積された影響が，エアコン停止後に観察された。つまり，断熱材が蓄熱材の役割を果たしており，エアコンの冷房を停止することは，冷え過ぎを防ぐのではなく，建物の蓄熱を室内側へ放熱させ，機械換気は湿った外気を室内へ流入させていたことも高湿の原因となった。居住者が健やかな睡眠を維持するためには，就寝中の適正な温度・湿度コントロールが重要であり，エアコンの継続使用や換気の調整が必要になる[8]。

　光は睡眠—覚醒リズムの遺伝子を制御しており[9]，日中に太陽光を浴びることはサーカディアンリズム（概日リズム）[*3]を整え，良質な睡眠の確保に役立つだけでなく，季節性感情障害や季節と関係ないうつ病などにも効果があがっている。

3　省エネルギーの推進

（1）省エネルギー基準の成り立ち

　私たちは日常生活を営むあらゆる場面でエネルギーや資源を消費している。1973（昭和48）年の第一次オイルショックをきっかけとして，「エネルギーの使用の合理化に関する法律」（現行法律名：エネルギーの使用の合理化及び非化石エネルギーへの転換等に関する法律（2022（令和4）年改正・改題））が制定され，1980（昭和55）年に住宅の省エネルギー基準（省エネ基準）が定められた。わが国は石油や天然ガスなどの資源が乏しいため，数年ごとに住宅全体の断熱性能の基準は強化され，適応される地域区分も細分化されて省エネ基準は改正さ

---

*3　サーカディアンリズム（概日リズム）：体内で起こる，おおよそ24時間（概日）の変動のことを指し，体内時計ともいう。

れてきた。東日本大震災を受けて見直された2013（平成25）年の基準では、住宅設備（暖冷房、換気、照明、給湯、太陽光発電などの再生可能エネルギー）によって達成できる指標が付け加えられた。国は新築住宅の省エネ義務化を目指しており、省エネ基準を達成することにより、住宅金融支援機構の金利優遇や国土交通省が定める補助金、減税などが受けられるようにすることにより、省エネ住宅に誘導しようとしている。

（2）ネット・ゼロ・エネルギー住宅（ZEH）

　政府は年間の一次エネルギー消費量の収支がゼロまたは上回ることを目指した住宅である ZEH（ネット・ゼロ・エネルギー）の普及を推奨している。断熱材を屋根や壁に敷設して断熱基準を満たし、開口部に高断熱窓などを選ぶことにより住宅の室内環境を維持するための建物を造る。そして、住生活で使用するエネルギーを節約する高効率のエアコンや給湯器、LED 照明を選択することにより、室内環境の質を維持しつつ大幅な省エネルギーを実現させようとしている。さらに屋上には再生可能エネルギーである太陽光をパネルで受け止め、家庭で使用する電気に変換する PV（太陽光発電）システムを導入することにより、ZEH は実現可能と考えられている。地域においては排水・家庭廃棄物から利用できるエネルギーを採取するなど、統合的なエネルギーの循環システムをつくり、計画的にエネルギー管理をすること、つまり、限りある地球資源を大切にする環境づくり、環境共生型の住居や住生活のあり方が急速に推進されている。

（3）既設住宅の改修

　新築以外の既設住宅についての改修技術が開発され、これまでわが国の住宅の中で最も熱的に脆弱であるといわれてきた窓については、ガラスやフレーム部分を指す窓サッシに関しての高機能化が進んできた。単板ガラスを複層ガラス（二重や三重のガラス）に変更し、窓サッシの材質は断熱性能向上のために樹脂へと変化してきている。また、既存の窓に二重窓として内窓を設置すると断熱性能だけでなく窓周りの気密性を向上させ、室内環境の快適性が向上する。

　マンションの建替えや大規模修繕にあたっては、改修についての手法の普及や再生について認識を深め、その合意形成の円滑化を図る必要がある。しか

し，集合住宅であるマンションは共用部分と専有部分があり，「建物の区分所有等に関する法律」*4で定められている。住戸の窓枠や窓ガラスはマンションの共有部分とし，自由に変更できないようにすることで，外観や構造に統一性をもたせようと，標準管理規約で定められている。よって，断熱窓への改修などはマンション管理規約や管理組合等への確認が必要になるが，「マンション管理の適正化の推進に関する法律」も随時改正されている。

4 住まいの歴史と構造

（1）住宅の変遷

1）伝統的住居

　住まいには人間が外敵や厳しい自然環境から身を守り，最も安心して生活するためのシェルターとしての位置づけがあった。また，住まいはその材料，構法，形態の選択において，地域の気候・風土や生業の影響を強く受けてきた。すなわち，世界の伝統的な住まいをみれば，断熱性に優れた土や調湿性能を有する木など身近にある材料を用いたり，移動に便利な組み立て式にしたりと生活の知恵が活かされている。

2）日本の近世以前の住まい

　日本の住まいについてみると，わが国では吉田兼好が『徒然草』に「家のつくりやうは夏を旨とすべし」と書いたように，冬の寒さより夏の蒸し暑さを避けるため，木造軸組の開放的な住まいの構法が主流となってきたと思われる。しかしながら，一般的な日本人の住まいのイメージが形成されるまでには時代の推移をみる必要がある。例えば，平安時代の貴族の住宅である寝殿造りは，住まいであるとともにさまざまな年中行事を行う儀式の場でもあった。その後，武士階級が台頭してくる鎌倉・室町時代に入ると生活様式の変化もみられ，武士と貴族の暮らしの両方を取り入れた書院造りが現れ，江戸時代の数寄屋造りの普及へとつながっていく。

---

*4　建物の区分所有等に関する法律：一棟の建物を区分して所有権の対象とする場合の，各部分ごとの所有関係を定めるとともに，そのような建物およびその敷地等の共同管理について定めた法律。略称は，区分所有法。

　江戸時代の農民の住まいである農家は一般に土間と居室からなるが，その規模や間取りは農民の階層によって大きく異なっていた。また，京都の町中などに現存する都市住宅としての町家は道路に面した間口の狭い表から通り庭と呼ばれる土間を通って奥に至る奥行きの深い敷地となっており，土間と接して店の間，台所，座敷が配され，採光や通風のための中庭や最奥には土蔵が設けられることもあった。

3）日本の近代以降の住まい

　明治時代に入ると新しい住宅様式として洋風建築が伝えられ，生活における起居様式に大きな影響がみられた。すなわち，従来の畳に座る床座から椅子に座る椅子座への変化である。また，電気やガスの普及に伴って照明，暖房，炊事などの住宅設備の変化もあった。

　宅地開発における住宅の近代化をみると，後に阪急電鉄・阪神電鉄などになる電鉄会社は，明治時代終わりから，都会の劣悪な居住環境から逃れる術として，風光明媚で交通も至便な鉄道沿線の住宅地開発に着手した。箕面有馬電気軌道（現在の阪急電鉄）は1910（明治43）年に池田室町に100坪を1区画とし，2階建て5〜6室，延床面積20〜30坪の建売住宅200戸の分譲を行った。この住宅は，当時としては珍しい電灯付き住宅であったという。こうした明治時代の終わりから大正時代に都市近郊に建てられた住宅を文化住宅と呼んだ。文化住宅は，テーブルや椅子の起居様式に加え，応接間のほか，居間，茶の間，子ども部屋などの居住空間と台所，浴室，便所，女中部屋などを配した[10]。

　昭和時代に入り，わが国は第二次世界大戦における主要都市への空襲によって多くの住宅が焼失するところとなった。このため，1955（昭和30）年には日本住宅公団（独立行政法人都市再生機構（略称UR）の前身）が設立され，大都市周辺にいわゆる公団住宅が多数建設されることとなったほか，自治体による公営住宅も供給されるようになった。公団住宅の標準型は，居間2室にダイニング（食堂）とキッチン（台所）を一体化したダイニングルームからなることから2DKと称された。その後，DKタイプの住宅はリビングルームを加えたLDKタイプへと発展していった。

　このような住宅の集合化，類型化は，都市生活における家族単位での食寝分

離，すなわち食を中心とした家族での生活と，就寝を伴う個人の生活を空間的に分ける生活形態が進んだほか，台所やトイレ，浴室などの水回りの新しい設備の登場と相まって，若い世代を中心とした団地生活への志向が高まった。さらに，その後1970年代半ばから集合住宅の高層化が始まり，高さ60 mを超える建築物，住居用高層建築物（外観の形態からタワーマンション，略してタワマン）が建設されるようになった。

（2）住宅構造

1）構造様式

　建築物の構造を大別すれば，線の部材から構成される軸組構造と，面の部材からなる壁式構造に分類される。両者は用いられる材料とのかかわりも深く，細長い部材である木材や鉄骨の基本は軸組構造であり，レンガや石を積み上げて造る組積造は壁式構造といえる。また，これらの構造は地域の気候・風土とのかかわりで選択されてきた側面がある。すなわち，一般的に軸組構造は窓や出入り口などの開口部を大きく取ることが可能となるため，蒸し暑さをしのぐための風通しを求めることに適している。一方，壁式構造は開口部を大きく取ることが困難であるが，厚い壁の断熱性能と相まって防寒・防暑の効果を期待することができる。

2）構造・工法の変遷

　わが国は高温多湿の夏の気候を有する土地柄から，前述したように木造軸組が主流であったが，地震による被害，新しい建築材料や住宅設備の開発などに伴って構造や工法に変遷がみられた。すなわち，大黒柱に代表されるような断面の大きな太い柱や梁から構成される伝統的な木造は，住宅のほか神社・仏閣の建築物に用いられたが，特に住宅については明治時代の西洋建築の伝来によって，その構造が変化してきた。

3）木造軸組構造の特徴

　伝統的な木造軸組の和風構造と明治時代以降のいわゆる在来の木造住宅の洋風構造の大きな差異は，屋根を構成する小屋組と壁にみられる。和風小屋組は基本的に小屋梁と束と呼ばれる水平方向と鉛直方向の部材からなるのに対し，洋風小屋組は合掌を用い，方杖と呼ばれる斜材により三角形の構面を形成す

る。また，和風の壁は柱が露出する真壁であるのに対し，洋風では柱が壁の中に隠れる大壁となるのが一般的である。真壁では竹や木で下地を編んでその上に土や漆喰を柱間に塗り込めるのに対して，大壁では木材の下地をモルタルやプラスターボード，金属板で覆い防火性能を付与するかたちになっている。

4）新しい住宅構造・工法

わが国の木造軸組住宅は時代とともに変遷してきたが，ほかに2×4（ツーバイフォー）工法と呼ばれる新しい木質系住宅が1974（昭和49）年頃に海外から導入された。2×4工法による住宅は木造枠組壁工法に分類される壁式構造の住まいとして広まってきた。木質系住宅以外で代表的なものとしては，鉄骨系とコンクリート系の構造による住宅がある。さらに，鉄骨系も軽量鉄骨と重量鉄骨とに分けられ，コンクリート系は軸組構造にあたるラーメン構造と壁式構造とに分類される。住宅についていえば，工業化の進展によって軽量鉄骨やプレキャストコンクリートパネルを用いたプレハブ住宅の普及へとつながってきた。

5）非木造住宅の増加

前述したように戦後の日本住宅公団の設立以後，大都市周辺を中心として壁式鉄筋コンクリート造の集合住宅が建設され，高度経済成長とともにニュータウン造成や都市内集合住宅の高層化などにより，住まいにおける非木造住宅の比率が徐々に増加し，**図11-4**に示すように1963（昭和38）年当時は防火木造を合わせて90％以上であった木造住宅も2018（平成30）年には60％を下回り，それに伴って同図の折れ線グラフが示すように住宅の階数も90％以上が2階建以上と非常に大きな時代変遷を表している。

5　住まいの防災と安全

（1）自然災害への備え

1）環境に適応する防災対策

日本列島は地球の表面を覆う4枚のプレートの境界上に位置することから，火山国であり地震が頻発する国でもある。また，地形環境と偏西風の影響もあり，豪雪や台風による災害も起こりやすい。このような自然条件の下で発達し

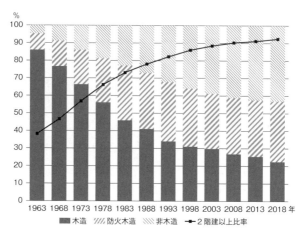

図11-4　住宅の構造区分および階数分布経年変化

出典）総務省統計局：住宅・土地統計調査に基づき筆者作成.

てきたわが国の伝統住宅には，防災のためのさまざまな工夫がなされてきた。例えば，岐阜県白川村などの豪雪地帯に残る合掌造りの家では，小屋組を積雪荷重に強い正三角形とし，さらに谷筋に吹き抜ける風を妻面で受け流すために小屋組の支点をピン構造とする工夫がなされている。すなわち，自然の力に逆らわない生活の知恵に基づく持続可能な構造となっている。

2）水害への備え

　わが国は脊梁山脈から東西に流れ下る河川の勾配が急なため，流域に降った雨が短時間に下流に集まりやすいことから洪水流量が大きく，水害が頻発してきた。そのため，昔から水防や治水のためにさまざまな堤防が造られてきた。濃尾平野の木曽川，揖斐川，長良川流域に残る輪中と呼ばれる水防共同体では集落や農地を堤防で囲んで洪水から守ると同時に，家々も土台を高くして水害に備える一方，さらに高い基壇上に水屋を設けている。水屋は洪水時の避難場所になり，食料や什器類を収納する倉庫としての役目もあり，母屋と渡り廊下でつながっているものもある。また，「上げ舟」と呼ばれる最後の手段としての脱出用の小舟も備えられていた。

　輪中のほかにも霞堤という連続する堤防の一部を切っておき，洪水時に堤防

の外側の遊水池に増水した河川の水を逃すことにより洪水流の勢いを減じ，破堤を防ぐ対策をするものもある。しかしながら，長年，洪水被害が発生しなくなると道路や鉄道の建設時に輪中堤の一部を取り壊したり，本来，建物を建ててはならない遊水池に住宅を建設することによって新たな被害を生じる事態が発生している。

3）地震対策

わが国は歴史的に多くの地震に襲われてきた。地震による住まいの倒壊に伴って多くの人命が失われてきたことから，明治時代の近代地震学の創始によって地震のメカニズム解明が進むとともに建築物の地震防災対策も進展してきた。

昭和においては福井地震を契機として1950（昭和25）年に建築基準法が施行されたが，その後もいくつかの大地震を経験するたびに改正・強化されてきた。特に，1981（昭和56）年の建築基準法施行令大改正による「新耐震設計法」は従来の耐震設計法の大幅な見直しとなった。

その後，兵庫県南部地震（阪神・淡路大震災）を経て2000（平成12）年にも建築基準法は改正され，基礎と土台や柱と梁などの接合部分を緊結するための接合用金物の使用が強化されるなど，さらなる耐震性向上への努力が続けられている。

このような住まいの耐震化において重要な要素は壁である。建築基準法では筋交いと呼ばれる斜材や構造用合板を用いて強化した壁を平面的にバランスよく，必要量を満たして配置するほか，上下階の壁の重なりも考慮して地震力に耐えるように構造的に強化することを基本としてきた。

一方，近年においてはこのような「耐震」構造に加えて「免震」や「制震」のためのシステムが住宅にも導入されるようになってきた。免震構造では，基本的に建物の構造躯体と基礎の間にアイソレータとダンパーを入れて地盤から建物に伝わる揺れを吸収しようとする。これに対して，制震構造は建物躯体内にダンパーを組み込むことによってエネルギーを吸収したり，揺れを制御しようとするものである[11]。また，振動被害のほかに地盤の液状化による被害もある。液状化による住宅の不等沈下や傾斜を防ぐためには，べた基礎やくい打ち

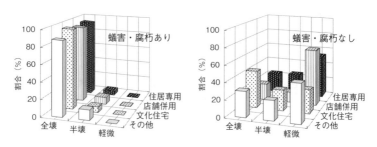

図11-5　木造家屋被害と蟻害・腐朽の有無との関係
（兵庫県南部地震・神戸市東灘区の一部地域）

出典）宮野道雄・土井正：兵庫県南部地震による木造家屋被害に対する蟻害・腐朽の影響．家屋害虫，
　　　1995；17-1；70-78を一部改変．

地業*5を用いることが有効である。べた基礎は，床下の地面からの湿気から住まいを守る効果も期待できる。

4）日頃からの備え

兵庫県南部地震では老朽木造住宅の多くが大被害を受けて人的被害を拡大したが，神戸市東灘区における被害調査では図11-5に示すように，地震の前から土台や柱がシロアリによる蟻害（ぎがい）や水漏れなどによる腐朽を生じていた木造住宅の多くが全壊したことが明らかとなった。このような被害を防ぐためには，日頃からの維持管理が重要といえる。すなわち，住まいの防災対策には造り手だけでなく，住まい手の意識を高めることも求められている。

住まいの維持管理は集合住宅でも重要である。集合住宅では専有部分に加えて共用部分があるため，管理組合による共同管理を行う必要がある。集合住宅では，屋根・外壁の防水などを目的とした修繕や，エレベーター・駐車設備等の安全点検など管理の項目は多岐にわたるが，それぞれの項目別に点検・修繕の実施周期が示されている。

（2）日常生活の安全

1）不慮の事故

人々が住まいの中で安全に生活するためには突発的に発生する自然災害への

---

*5　べた基礎：底面全体を鉄筋コンクリートで固める基礎。
　　地業：地盤を固める基礎工事の総称。

対策だけではなく，日常的に起こり得る事故への対策も重要である。厚生労働省の人口動態統計によれば，わが国では不慮の事故により年間約4万人が亡くなっている。不慮の事故には交通事故も含まれるが，それよりも多い1万人以上が住宅内で死亡している。

2）住宅内事故

住宅内での事故が発生しやすい場所として三大危険箇所と呼ばれるところがある。それは，浴室，階段，平面床段差を有する場所であり，浴室では石鹸やシャンプーなどで滑りやすくなった床での転倒や浴槽内での溺水が，また，階段ではバランスを崩したり，踏み外しによる転落，さらに平面床段差を有する場所では視認性の低いわずかな段差部におけるつまずきによる転倒が起こりやすい。

これらの事故による死者数は年々増加傾向にあるが，中でも浴槽で起こる不慮の溺水による死者数が多い。その理由としては，前述した冬季のヒートショックや高齢化の進展のほか，下記のような入浴の仕方の変化など多様な要因が考えられる。住宅・土地統計調査（総務省）によれば，わが国の住宅における浴室保有率は1963（昭和38）年の59.1％から2003（平成15）年の95.7％まで40年間に36.6％も上昇しており，公衆浴場ではなく自宅において1人で入浴する生活形態の変化がみられる。

3）住宅火災

日常生活における安全性の確保においては，住宅火災の防止も重要である。わが国では，建物火災による死者の約90％が住宅火災で発生している。また，高齢者層での死者が多い[12]。このような背景から2004（平成16）年に消防法が改正され，既存の戸建てを含むすべての住宅に対し，住宅用火災報知器設置の義務づけが2006（平成18）年に施行された。

4）死亡事故の人的特性

日常生活における不慮の事故で亡くなる人は，高齢者に多く，とりわけ75歳以上の後期高齢者に多い。また性差がみられ，女性に比べて男性に多い傾向がある。さらに，異物誤飲は幼児において多い事故である。住まいは，乳幼児から高齢者に至るまで幅広い年齢層，あるいは障害者，病気の人など多様な人々

の生活の場である。したがって，すべての人にとっての生活の質（QOL）の維持・向上を目指して，日常から災害発生時のような非日常へとつながる住まいの防災・安全そして安心を確保することが求められる。

■引用・参考文献

1 ）Maslow, A.H.：*Motivation and personality*, New York, Harper and Row Publishers., 1954, pp.35-43.

2 ）「生活する力を育てる」ための研究会編：人と生活，建帛社，2012，pp.165-166.

3 ）野澤千絵：老いる家 崩れる街—住宅過剰社会の末路，講談社現代新書，2016.

4 ）森郁惠・都築和代ほか：窓の断熱改修が住宅の温熱環境と高齢者の生活および健康に及ぼす影響に関する研究．日本建築学会環境系論文集，2014；79（706）；1061-1069.

5 ）WHO：*Housing and health guidelines*, 2018.
https://www.who.int/publications/i/item/9789241550376（2023年 5 月30日）

6 ）高橋龍太郎・坂本雄三ほか：わが国における入浴中心肺停止状態（CPA）発生の実態—47都道府県の救急搬送事例 9360件の分析—，2014.
https://www.tmghig.jp/research/release/cms_upload/press_20140326_2.pdf（2023年 5 月30日）

7 ）都築和代：睡眠と体温調節に基づく室内温熱環境の評価に関する研究．https://www.aij.or.jp/images/prize/2020/pdf/2_1award_003.pdf（2023年 6 月15日）

8 ）都築和代：住宅の温熱環境と睡眠．日本家政学会誌，2023；74(12)；41-50.

9 ）井上昌次郎：光とメラトニンによる概日リズム睡眠障害の治療技術の開発．早石修監修：快眠の科学，朝倉書店，2002，pp.77-80．所収

10）日本建築協会創立70周年記念住宅展委員会：住宅近代化への歩みと日本建築協会，日本建築協会，1988，pp.86-91.

11）日本家政学会編：住まいの百科事典，丸善，2021，pp.498-499.

12）総務省消防庁：令和 4 年版消防白書，2023，pp.52-53.

衣 生 活

　人類が地球上に誕生して以来，人は心身ともに豊かに健康に生きるためにいろいろな創意工夫を行いながら，今や宇宙空間にまで生活範囲を拡大している。本章では，なぜ着るか，どのように着るか，持続可能な循環型の社会や多様で包括的な社会を実現する中で，心身ともに健康に豊かに生きるための衣生活について考える。

1 衣 と 生 活

　身に纏う物にかかわる用語はいろいろあるが，その定義や使い方は必ずしも明確ではない。その中で，「被服」は，日本産業規格 JIS L0215-1984 繊維製品用語（衣料）[1] を参照すると，「被服」とは，「衣服」，ならびに，頭部や手足に着用する「帽子・マフラー・スカーフ・手袋・靴下」を含み，人が身に纏うすべての物の総称であるとされ，「衣服」とは，胸・腹・背・腰・脚・腕を纏う物であり，例えば，シャツ，ズボン，スカート，下着などが相当する。

　本章では，人が着用している状態においては，「被服」と「衣服」を使い，人が着用していない状態において，生産，流通，消費過程で物品として扱うときは，「衣類」や「衣料」を用いる。

（1）被服の役割と機能

　古来より，人は，被服を身に纏うことにより，植物の棘や害虫・害獣，暑さ・寒さから身体を保護することができること，威厳を示すことができること，被服を身に纏うことにより生活が楽しくなること，心を豊かにできることを体験してきた。

1）体温調節機能を補助し生命の維持に必要な「被服」

① 体温と体温調節

　人は，体温（深部温）を約37℃に維持しながら健康を保っている。詳細にみ

ると，体温は，個人内においても，運動，時刻，気温，食事，睡眠，感情の変化などによっても変動し，**図12-1** に示すように，一日の中で約1℃の変動幅で，早朝に低く夕方に高くなるという約24時間周期のサーカディアンリズム（p.132参照）がある。体温は年齢や性別により異なり，個人差がある。

　図12-2 は，環境気温が20℃と35℃のときの裸体時の身体内部の温度分布を等温線で示したイメージ図[2]である。環境気温が変化すると，外気温に応じて手足末梢部の皮膚の温度が変化するが，体温調節機能の働きにより，体温は一定に保たれる。このように，人は，環境気温の変化を皮膚の温受容器や冷受容器が感知し，その情報が脳の体温調節中枢である視索前野や視床下部に伝達され，その指令により体内の熱産生や熱放散を調節して体

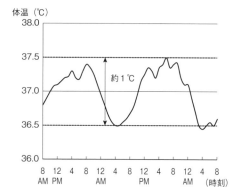

体温（℃）

図12-1　健康な人の一日の体温リズムの例

（筆者作成）

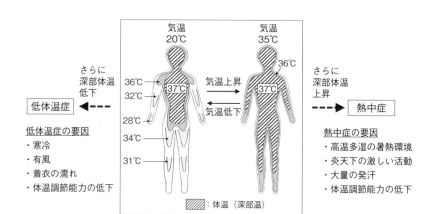

図12-2　環境温度の変化に伴う身体内部の仮想温度分布とその要因

出典）大野静枝・多屋淑子：被服衛生学，日本女子大学通信教育部，1994，p.7，図2-1改変．

温を一定に維持することができる。

②　体温調節機能を補助する役割としての「被服」

　Winslow らは，身体と環境との熱交換の研究から，自律的な体温調節により温熱的な快適さを保つことができる気温範囲は，裸体で29～31℃のきわめて狭い範囲に限られ，衣服を着用すると，「暑くもなく寒くもなくちょうどよい」と感じる気温範囲が13～32℃に拡大することを観察した[3]。この気温範囲においては，気温の低いときには被服は保温効果となり，気温が高いとき（ただし，低湿時）には遮熱効果となり，被服が自律的な体温調節を補助する手段となることを示している。しかし，13℃以下や32℃以上の気温では，被服を着用するだけでは，温熱的な快適性を得ることは無理であり，その場合は，着衣に加えて，食事の摂取，住居に住まう，冷暖房を使用するなどの手段が必要となる。

　さらに，気温低下や気温上昇時に**図12-2**に示す種々の要因が加わると，体温調節能力の低下により体温を一定に維持できなくなり，低体温症や熱中症となり，死に至る場合もある。健康を害する要因の一つである「着衣の濡れ」とは，汗や外部からの雨などにより湿潤した衣服は，乾いた清潔な衣服と比べると熱伝導率[*1]が大きく，身体からの放熱が増加して身体を冷却する。夏季の冷房環境下においても，汗で濡れた衣服の長時間の着用は十分な注意が必要である。対策としては，濡れた衣服を着ているときは，乾いた清潔な衣服に着替えることや速乾性素材の衣服を着用することで対処する。

2）身体と環境を保護する「被服」

①　身体の保護機能

　被服には生活環境の中のいろいろな危険物質から身体を安全に保護する機能がある。その例として，低温や高温作業時の耐寒服・耐熱服や消防服，放射線環境下における放射線防護服や宇宙での船外活動服，農薬散布時の健康被害を防ぐための農薬防除用作業服，潜水時の潜水服などの作業服があり，スポーツ

---

*1　熱伝導率：物質の熱の伝わりやすさを表す。20℃の水の熱伝導率は0.5975 W/mK，空気は0.0253 W/mK であり，20℃では，水は空気の約24倍の熱を伝えやすいことを示している。

時には身体を保護するための種々の防具などもある。

②　環境の保護機能

被服には身体から排出される汚れから環境を衛生的に保護する機能もある。身体から出る皮脂や汗，剝離した角質（垢やふけ），脱落した髪の毛，においなどが環境を汚さないように，食品や精密機器の製造時に着用する作業服や防塵服，手術を行う際の手術服などがある。

3）身体をアシストする機能

身体に対して適度にフィットする被服の着用は，裸体に比べて，動作や姿勢，血液循環の改善につながり，身体をアシストする機能がある。例えば，動きやすさ・軽量化・適度な身体へのサポート力・撥水性の機能を有する一般的な水着は，裸体時よりも身体への水の抵抗が少なくなり，泳ぎやすくなる。身体サイズに適合する女性用下着においては，身体への下着のフィット性が動作のしやすさや正しい姿勢を保持し，脚部を適度に圧迫する着圧靴下は，血液循環を促進して，静脈瘤の治療やむくみの解消，疲労感の軽減に役に立っている。

4）社会生活を円滑にする「被服」

①　TPO（Time・Place・Occasion：時・場所・場合）と着装

地域，民族，宗教などにより，生活習慣や被服のしきたりは異なるものの，冠婚葬祭用の被服は，喜びや悲しみを表現し，相手を敬う気持ちや思いやりを伝える機能がある。そのため，従来から，結婚式や葬儀には，日常のカジュアルウエアではなく，儀式や儀礼用のフォーマルウエア（正装・礼装）が着用されてきた。この例が示すように，私たちは，社会生活を円滑に営む上でも，TPO（時・場所・場合）にふさわしい被服の着用を心がけたい。

②　職業や所属などのシンボルとしての機能

制服は帰属する集団を示す機能をもち，着用者がその集団の構成員であることを表す。制服には，帰属意識や役割意識だけでなく，仲間意識を高めて団結力や士気を高める効果もある。現代では，民族服がその役割を担い，婚礼などの儀式の際の儀礼服として着用されることが多い。

③　自己表現としての機能

被服には，その人の考え方や生き方，美意識や心の状態を表現する機能がある。被服を着用することにより，人はそれぞれの個性を発揮し，それが第一印象を決定づける上で強い影響力を与えることとなる。個性的に装うためには，被服の材質・デザイン・色柄・イメージを考えて，自分らしさを表現できるように工夫する必要がある。

5）生活のウェルビーイングや生活の質（QOL）を高める「被服」

多様性社会において，被服はいろいろな人の生活のウェルビーイングや生活の質（QOL）を高めることに貢献することができる。

「ユニバーサルデザイン」とは，当初は障害のある人に向けて開発されたバリアフリーデザインであったが，年齢・性別・国籍・人種・障害の有無などにかかわらず，すべての人に便利で使いやすいユニバーサルなデザインとなった。また，当初の設計段階から，健常者にも障害のある人にも，多様なすべての人が利用できるように工夫された「アクセシブルデザイン」や，近年では「インクルーシブデザイン」がある。前者は，例えば，視覚で確認しなくとも触るだけで誰でも識別可能な便利なデザインであるシャンプーとリンスの容器で代表され，高齢者に配慮した衣料品やボタンの設計指針がJISで定められている[4]。後者は，ダイバーシティ＆インクルージョン（D&I）の概念に基づき，多種多様なバックグラウンドをもつ個人が主体的に製品作りにかかわり，個人の違いを認め合い尊重し合いながら作られたデザインを指す。手を使わずに着脱できるスニーカーや手足が不自由な人のために工夫された肌着などがある。多様性社会においては，使いやすく，見た目も美しく，生活の質を高める製品が求められている。

（2）着心地とは

「着心地のよい」被服は，生活のウェルビーイングを高めることに貢献できる。「着心地」は，温熱的な快適性，身体的な快適性，および心理的な快適性の3要素の組み合わせにより総合的に評価される（図12-3）。心身ともに快適であるときの「着心地のよさ」とは，3要素が均等にバランスされていることが望ましい。

温熱的な快適性は暑さ・寒さに関する温冷感に関する快適性で，身体的な快適性は被服による身体への圧迫感や動きやすさに関する快適性であり，心理的な快適性は外観の美しさや肌触りが関係する快適性である。「着心地のよい」被服と

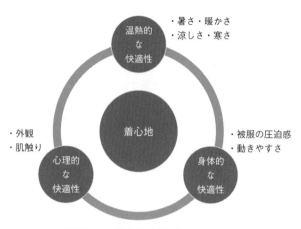

・暑さ・暖かさ
・涼しさ・寒さ

温熱的な快適性

着心地

・外観
・肌触り

・被服の圧迫感
・動きやすさ

心理的な快適性

身体的な快適性

図12-3　着心地を構成する3要素

(筆者作成)

は，人が何かに集中しているとき，身に纏っている物に対して，何らかの不都合や不快感を意識しない被服であるといえよう。

（3）持続可能な衣生活の視点からの「洗濯」

1）衣類の手入れ・保管に関する昔と今

日本には四季のうつろいがあり，古来より日本人は季節感を大切にしてきた。衣生活においても，暑さ・寒さの変わり目には季節にあった衣服に着替える慣習として，「衣替え」が平安時代から行われてきた。現在では，地域によって異なるものの，一般には6月1日と10月1日に行われ，学校や職場の制服などにこの慣習が残っている。

衣替えは，身に纏う物の季節感を養ったり，手持ちの衣類の見直しや，手入れ・管理・整理整頓の方法を身につけたりするにはよい機会となる。しかし，現代では，季節ごとに服の入れ替えを必要としないクローゼットへの収納や，空調の整備による季節差のない衣生活も可能であり，衣替えを行う人は減少傾向にある。

2）清潔に大切に着るための衣類の取り扱い

清潔な被服の着用は，健康維持や円滑な対人関係，生活の質（QOL）の向上にも関係する。私たちは，汚れやにおいの付着した衣類を再度着用可能な清潔

綿　　　　　 65%
ポリエステル 35%

○○××株式会社
東京都中央区○○町××番地
TEL 03-9999-9999

図12-4　組成表示の例

洗濯ネット使用
あて布使用
飾り部分アイロン禁止

図12-5　付記用語を含めた取り扱い表
示の例

な状態に戻すために洗濯を行っている。汚れの付着した衣類をそのまま放置しておくと，特に，毛や絹などのたんぱく質繊維は虫害による損傷を起こしやすく使用期間を縮めることになる。そのため，日頃の手入れは大切である。衣類を大切に長く着るには，「組成表示」（図12-4）と「取り扱い表示」（図12-5）に記載されている洗濯の可否や洗濯方法，アイロンがけの情報を正しく理解して，洗濯等の取り扱いを行う必要がある[5]。

（4）安全に着るための衣生活

1）皮膚障害

　被服は常に身体と直接接触して着用しているため，安全性や健康に大きく関係することとなり，被服が原因の事故としては皮膚障害が最も多い。皮膚障害には物理的刺激によるものと，化学的刺激によるものがある。前者はベルトやゴムなどの圧迫や摩擦，被服素材の肌触りが不快な刺激となり，皮膚が赤くなる，かゆくなるなどの症状が発生する。そのときの対策としては，まずは着用を中止して皮膚の清浄を保つようにする。後者は，加工処理剤・染料・媒染剤・蛍光増白剤・界面活性剤などの化学物質が原因で皮膚炎を生じる場合がある。そのようなときは，原因を取り除くと同時に，症状によっては専門医に相談することが大切である。化学物質による消費者被害防止については，「有害物質を含有する家庭用品の規制に関する法律」が1973（昭和48）年に制定され，各種の規制と対策がとられている。

2）繊維製品の燃焼性

　一般に衣類やカーテンやカーペットなどの繊維製品は，燃えやすく，火傷や火災などの大事故になる場合もある。繊維製品の燃焼性は，**表12-1**に示すように繊維固有の熱的な性質により，燃焼性や燃焼挙動が異なる。日常的に用いられる繊維製品は，可燃性あるいは易燃性に分類され，着火すると容易に燃焼し，熱傷を受傷する危険性が大きい。天然繊維と化学繊維では熱に対する性質が異なり，前者は，軟化・溶融せずに発火するが，後者は，軟化・溶融して皮膚に溶着する時間が長く，熱傷の程度が深くなる傾向がある。また，無炎燃焼時の生成ガスには高濃度の一酸化炭素を含むものが多く，中でもアクリルはシアン化水素を多く発生するので，燃焼ガスを多量に吸い込まないなどの注意を要する。

　燃焼による事故は，素材だけではなく，被服の着方や袖や裾のデザインも関係する。例えば，調理中に袖口やストールに火がつき，一瞬で全身に燃え広がり，火傷や死亡事故が生じることもある。このような被服による火災が原因の事故死は，身体の活動度の低い高齢者に多い。燃焼事故を未然に防ぐには素材に防炎化や難燃化を施し，安全性に配慮したデザインとすることも必要である。

　燃焼事故の防止策の一つに「防炎加工」がある。消防法では，「防炎性」とは「不燃性」とは異なり，「燃えにくい」性能であり，小さな火源に接しても

表12-1　繊維の燃焼性と燃焼挙動

燃焼性	燃焼挙動	繊　維
易燃性	すぐ燃え広がる	綿・麻・レーヨン・アセテート・アクリル
可燃性	容易に燃えるが，炎の広がりは比較的ゆるやか	絹・毛・ポリエステル・ナイロン
難燃性	炎に触れている間は燃焼するが，炎を遠ざけると消える	ポリ塩化ビニル・ポリクラール・アクリル系
不燃性	燃焼しない	ガラス繊維・炭素繊維・金属繊維

（筆者作成）

図12-6　A：「防炎物品」の防炎ラベルとB：「防炎製品」の防炎製品ラベル

出典）日本防炎協会 HP より.

容易には燃えず，もし着火しても際限なく燃え広がらないことを意味してい
る。消防法の防炎性能基準の条件を満たしたものを「防炎物品」と呼び，旅
館，ホテル，病院などの不特定多数の人が出入りする建築物などで使用する
カーテンやじゅうたんなどは「防炎物品」であることが義務づけられ，図
12-6のAの「防炎ラベル」が付けられている。また，公益財団法人日本防炎
協会[6]により認定される「防炎製品」がある。図12-6のBは完成品（縫製品
など）用の防炎製品ラベルであり，寝具類，衣類，布張家具などに付与されて
いる。

3）被服の身体への圧迫

　和服の帯や洋服のベルト，補正用下着などを着用するとき，身体への圧迫が
大きすぎると，呼吸が苦しくなる，血液の循環に悪い影響を与える，肩こりや
ストレスの原因にもなることがある。また，素材の伸縮性が小さく，身体サイ
ズよりも小さくて窮屈な衣服は，特に動作時に身体が圧迫されて着心地が悪く
なる。一方，適度な圧迫は血液の循環を促進することから，静脈瘤の治療や足
部疲労を改善する靴下（着圧靴下，p.146参照）などに利用されている。

4）被服のデザインと安全性

　被服のデザインがかかわる事故として，乗り物のドアに被服の裾が引き込ま
れた状態でバスが発進して大けがに至った例や，工場における作業着の袖や裾
が機械に巻き込まれて，指の切断などの生命にかかわる大きな事故が発生して
いる。また，子どもの遊びの中で，遊具にフードや開閉用の「ひも」が引っか
かり，首が絞めつけられ，窒息事故となる事例がある。子ども服のひもに関す

る安全基準は，JIS L4129：2015で定められているが，規格外の商品が販売されている可能性もあるので，子ども服を購入するときには，安全性を重視し，動きやすいデザインや皮膚に刺激の少ない素材を選ぶことが重要である。加えて，着方にも十分に留意することも大切である[7]。

2 衣 と 社 会

（1）気候風土に適した被服

1）気候風土と被服の型式

人は長い歴史の中で，気候風土に応じたその地域に独特の民族服を生み出してきた。世界各地域の民族服は，地域の温度，湿度，風，日射，降水量などの気候条件に，地質，地形，緯度，景観などの地理的条件を加味し，さらに，生活習慣や思想などが反映されて自然発生的に民族服が形成され，その風土に馴染んだ衣服として定着してきた。素材は比較的容易に調達可能であり，気候風土に合う毛皮や麻，綿が使われてきた。

表12-2に示すように，被服の型式は，主として，腰に衣服を巻き付ける「腰布型」，肩から全身に布を巻き付ける「垂布型」，布の中央に開けられた穴に頭部を通して着る「貫頭型」，衣服の前が開いている「前開型」，および体型に合わせて仕立てられ上半身と下半身が分離している「体形型」に分類できる[8]。各地域の民族服は，文化や社会環境は異なっていても，気候風土に応じておおむね同様な被服型式に分類されることがわかる。

このように，民族服は，時間をかけて気候風土に合う被服型式が確立され，被服の基本的な機能である身体保護，動作のしやすさ，美しさ，民族の誇りが総合された被服である。民族服が携えている生活の知恵は，現代の生活にも大変有用な情報となる。

2）風土と衣服デザイン

① 寒冷環境下の衣服

防寒服の代表例として，図12-7に示すイヌイットの伝統的な被服がある。現在では着用されてはいないが，被服型式は四肢を覆い包む体形型であり，極寒の寒冷環境に適した被服である。トナカイの毛皮をなめして作られ，極寒の

表12-2　気候風土と被服型式

気候風土		被服型式		地域, 民族例
		型式	特徴	
I. 寒帯極寒		体形型	四肢を覆い包む	北極圏, イヌイット, サモエード, ラップ
II. 熱帯酷暑		腰布型・垂布型	皮膚を露出	熱帯, 未開種族
III. 砂漠性乾燥		ゆったりとした一体型	全身を覆い包む	アラビア, シリア, 北アフリカ
IV. 多雨性湿潤		開放的な一体型	四肢を露出	熱帯アフリカ, アマゾン流域, 東南アジア
V. 夏乾冬湿	A. 地中海的晴明	垂布型	ゆったりと覆い包む	古代ギリシャ, ローマ, 地中海沿岸
	B. 西北欧的曇暗	体形型	筒袖の上衣と二股下衣の組み合わせ	北欧, 西欧, 古代騎馬民族
VI. 夏湿冬乾		夏：前開型・貫頭型	皮膚の露出部を多くする	日本夏着季節風地域
		冬：体形型	四肢を覆い包む	日本冬服季節風地域

出典）小川安朗：日本の風土と衣料の変遷. 繊消誌, 1979；20（9）；p.371. をもとに筆者作成.

外気にも十分に耐え得る保温力をもつ。デザインはなめし皮の部分を外気側に, 体毛部を身体側に用いて衣服内部に静止空気層が多くなるようにしている。さらに, フードや袖口, 裾の開口部は毛の部分を外気に向け, 図中の「ひも」を使用して袖口や衣服の裾の部分の開閉を行う。狩猟は強度な労働であるので, 極寒においても多量の発汗が生じ, 衣服内が高温多湿になる。その場合に「ひも」を緩めると, 図中の矢印のように換気が促進され, 衣服内部を快適な衣服気候に調整することができる。また, フードや袖口の毛の部分の空気層は, 外気が直接顔面や身体に触れないように断熱層として働き, 凍傷を防ぐ役

割を果たす。このように，イヌイットの被服は寒冷
環境下に適する合理的なデザインの被服として，現
代の生活にも多くの示唆を与えてくれる。

　現在では，自然資源の管理・生物多様性保全の観
点から，動物由来の皮革，羽毛，毛皮は使用せず
に，それらの機能を代替できる合成繊維の製品が主
流となっている。

　②　暑熱環境下の衣服

　暑熱環境下の衣服の例として，沖縄の芭蕉布があ
る。芭蕉布は13〜14世紀ごろから亜熱帯気候の琉球
王国で一般的な夏用の素材として用いられ，現在で
は沖縄を代表する伝統織物となっている。原材料

図12-7　イヌイットの
　　　　被服
（筆者作成）

は，綿や麻と同じ植物繊維のイトバショウ（バナナの一種）である（図12-8）。
図12-9は，車輪梅や琉球藍の天然染料で染色した糸を用いて，芭蕉布織物工
房の熟練者による高度な技術で製織された絣柄の芭蕉布の着物である[9]。

　芭蕉布が亜熱帯の蒸し暑い沖縄で長く着用されてきた理由の一つに，繊維の

図12-8　イトバショウ
（筆者撮影）

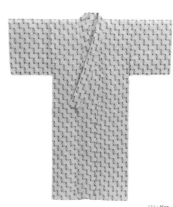

図12-9　芭蕉布の着物「銭玉
　　　　番匠」（1975（昭和50）年/
　　　　芭蕉布織物工房）
出典）引用・参考文献9），p.61.

断面形状が関係している[10]。図12-10は精錬
後のイトバショウの繊維細胞集合体の断面の
電子顕微鏡写真である。微細な多角形の中空
断面が，発汗時の汗が中空部分を速やかに拡
散して外環境に放散する構造となり，皮膚へ
の湿潤感やべたつき感が少なく，さわやかな
着心地を保つことができる。現在では，同様
な断面構造と機能をもつ超極細の合成繊維
（ポリエステルやナイロンなど）による衣類や
寝具類が作られ，暑熱環境だけではなく寒冷
環境の生活の快適性向上に寄与している。

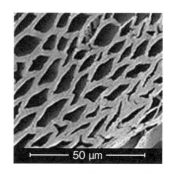

**図12-10　イトバショウの繊維
細胞集合体の断面**

出典）沖縄科学技術大学院大学　野村
陽子氏提供の画像をもとに筆
者作成.

　ところで，現在のわが国の資源の輸出入状
況[11]によると，天然繊維の羊毛と綿花は
100％輸入に頼っている。綿や麻は，わが国の気候風土に合う天然素材として
歴史があり，現在でも，特に綿は好まれる素材である。このような状況におい
て，イトバショウは沖縄の気候風土で比較的栽培しやすく，同様な中空断面形
状の綿や麻よりも放湿性が高く，湿潤時の接触感も優れることから，日本の高
温多湿の夏季に対応する持続可能な被服材料として利用価値が高まることが期
待できる。

3）日本の伝統的な民族服としての和服文化の継承

　図12-11は，総務省家計調査[12]から，「被服費（被服及び履物）」，ならびにそ
の中の品目である「洋服」，「和服」，「被服賃借料」について，2人以上の世帯
を対象とした1世帯当たりの年間支出金額の1983（昭和58）年と2021（令和3）
年の比較である。概観すると，被服費（被服及び履物）の年間支出額は1983年
に比べると約46％まで減少している。品目別では，洋服に関する支出も減少
し，和服に関する支出は約10分の1にまで大きく減少した。近年の被服費の減
少は，大量生産で比較的安価に流行を取り入れることのできるファストファッ
ションの台頭や，新型コロナウイルス感染症のパンデミックよる外出自粛による
生活者の行動変容やオンライン消費の拡大による実店舗における対面型の消

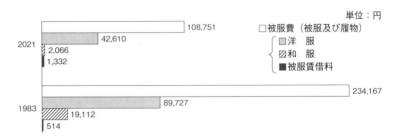

図12-11　「被服費（被服及び履物）」，ならびにその中の品目の「洋服」・「和服」・「被服賃借料」の１世帯当たりの年間支出金額（２人以上の世帯）の1983（昭和58）年と2021（令和３）年の比較

出典）総務省：家計調査・家計収支編．から筆者作成．

費の低迷などの影響が大きい[13]。

　次に，被服賃借料の年間支出額をみると，他の支出に比べ少額ではあるが，2021年は1983年の約2.5倍に増加している。被服賃借料には，結婚式や披露宴に参列するときの冠婚葬祭用や，成人式や七五三などの伝統行事用の貸衣装代が含まれ，近年では和服の支出金額が減少傾向にあるのに対して，被服賃借料は増加傾向にあり[14]，貸衣装としての和服の利用が増加しているようである。

　現代生活における和服は，冠婚葬祭，成人式や七五三などの伝統行事，伝統芸能の鑑賞や茶事の席などに着用され，若い世代においては，浴衣や作務衣などがカジュアルな外出着や休養服としても利用されている。今後も暮らしの中に和服を取り入れ，洋服とは異なる和服独特の色彩・素材・絹ずれの音などの感性を養い，着用感や立居振舞などを楽しみながら，日本文化を継承していきたいものである。

（２）環境保全に配慮した持続可能な衣生活

１）持続可能な素材

　「人に優しく，地球に優しく」をテーマに企業独自の技術によって天然原料を改質し，素材の特徴を活かして機能性を付与した次世代型素材が誕生している。例えば，従来の綿と同等の保水性をもちつつ，乾きやすさを目指して開発され，湿度の高い日でも乾燥時間が短く，運動などで汗をかいても皮膚への貼りつき感を抑制した吸汗速乾性の高い素材などがある。また，消臭機能，優れ

た風合いの持続などの高い機能を備えた人や環境に配慮した素材も登場している。このように，日本の各企業が得意とする特殊な紡績技術や複雑な編み技術や製織技術によるいろいろな機能をもつ製品への展開が期待されている。

① 極限環境の閉鎖空間に生活するための清潔さを維持できる日常服

清潔さを長期的に維持する素材として，極限環境の国際宇宙ステーション（ISS）の宇宙飛行士の日常服の開発事例がある[15]。ISS は入浴や洗濯ができない閉鎖された生活環境であり，着替えの衣服の数も限られることから，衣服には清潔さを保つ機能が最重視される。そのため，水を使用せずに，蛍光灯の光で洗濯を可能とする衣類と長期的に清潔さを維持できる下着が開発された。この技術は，実際に軌道上で宇宙飛行士により着用され，快適であったという評価を得ることができた。閉鎖された過酷な環境において，衣服が生活のウェルビーイングに貢献できることも実証されている。

この技術は，地上の生活にもスピンオフされ，紳士用のシャツや下着などに展開され，快適さを提供することに役に立っている。

② 繊維製品から発生する繊維屑の海洋環境への影響の対策

近年，海洋プラスチックごみ問題への関心が高まる中，繊維製品から発生する繊維屑（くず）の海洋環境への影響が懸念されている[16][17]。一般に繊維製品には毛羽（けば）があり，繊維屑が出やすいものであるが，ポリエステルなどの合成繊維素材のフリースや裏起毛の素材は，暖かい反面，繊維屑の排出が多いことが問題とされている。洗濯による洗濯液中への繊維脱落量も比較的多い素材であることから，洗濯による繊維脱落量の少ない素材が開発されている。現在，海洋プラスチックごみの対策として，海洋へ流出したプラスチックが微生物の力によって水と二酸化炭素にまで分解される「海洋生分解性プラスチック」*2の研究開発や国際規格開発が進められており，繊維製品への社会実装が期待される。

2）持続可能な衣生活に向けた取り組み

わが国の衣生活と環境に関する取り組みの現状から，持続可能な社会の実現

＊2　海洋生分解性プラスチック：微生物の働きによって，最終的に水と二酸化炭素に完全分解されるプラスチックを「生分解性プラスチック」といい，そのうち，海洋での生分解性に優れたプラスチックを「海洋生分解性プラスチック」という。

に向けて，衣生活の現状と今後の衣生活のあり方について考える。

　図12-12は，国内衣料のマテリアルフロー*3の2020（令和2）年と2009（平成21）年の比較である[17]。近年は，新規供給量，手放す衣類の量，廃棄量が減少し，リサイクル量が伸長し，リユースはパンデミックの影響で微減し，リペアは躍進している。表12-3は，各年度の「手放す衣類の量」のうち，廃棄量，リサイクル量，リユース量の割合である。2020年は，2009年に比べ，手放す衣類のうちの廃棄量の占める割合が減少し，リサイクルが増加している（リユースは上記同様の理由で微減）。このような状況から，国内衣類の入手から廃棄までの流れは，「3R」といわれるリデュース（発生抑制）・リサイクル（再利用）・リユース（再使用）の取り組みが確実に進行していることがわかる。しかし，企業は多くの在庫をかかえ，過剰供給となっていることが明らかであり，家庭においても図12-13にみられるように，未着用の衣類を多量に有し，さらに，現在は廃棄には至らないが将来的にはその可能性のある衣類を多量に退蔵し，それらが毎年蓄積されていく。これまでの大量生産・大量消費・大量廃棄型のリ

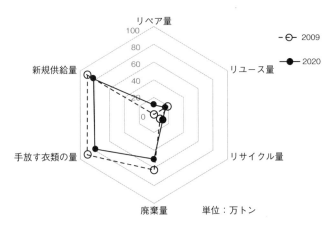

図12-12　国内衣類のマテリアルフロー 2020年と2009年の比較

出典）文献17），環境省HPより作図．

---

*3　マテリアルフロー：製品が市場に投入・供給され，適正に処理されるまでの工程をいう。

*4　リニアエコノミー：「原材料 ⇒ 製品 ⇒ 使用 ⇒ 廃棄物」の直線型経済をいう。

ニアエコノミー*4における「3R」の取り組みだけでは，廃棄衣料を最少化することは無理である。したがって，私たちは，衣類の購入と消費，廃棄に対する考え方や消費行動を見直し，「廃棄しない」，「廃棄物は資源である」という意識改革を行い，社会全体で持続可能な循環型の取り組みを進めることが急務である。

表12-3　手放す衣類の量の内訳（廃棄・リサイクル・リユースの割合）

手放す衣類の量		2009年	2020年
内訳(%)	廃棄量	69.9	64.8
	リサイクル量	9.6	15.6
	リユース量	20.5	19.6

出典）文献17)，環境省 HP より筆者作成.

　ヨーロッパでは環境保全から，リサイクルとは異なる「廃棄を出さないしくみづくり」として「サーキュラーエコノミー」*5の取り組みが積極的に進められている16)。衣生活に関しては，サブスクリプション型のジーンズの例があり，利用者は使用済み品を廃棄することなく新しいジーンズを入手できるという環境に配慮した循環が成立している。

　わが国においても，最近，衣類のサブスクリプションの取り組みが出てきている。社会全体で持続可能なサーキュラーエコノミーの取り組みを進め，人や環境に配慮したウェルビーイングな生活を官民学連携で実現していかねばならない。

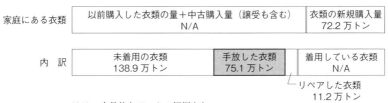

N/A：定量的なデータの把握なし

図12-13　家庭にある衣類の内訳

出典）文献17)，環境省 HP より作図.

---

*5　サーキュラーエコノミー：ものづくりの設計・デザインの段階から廃棄を出さないことを前提とした循環型経済をいう。

■引用・参考文献

1）日本産業規格 JIS L0215-1984_ 繊維製品用語（衣料），2020.
2）大野静枝・多屋淑子：被服衛生学，日本女子大学通信教育部，1994.
3）中山昭雄編：温熱生理学，理工学社，1981.
4）共用品推進機構：アクセシブルデザイン.
　　https://www.kyoyohin.org/ja/kyoyohin/（2023年9月30日）
5）消費者庁：繊維製品の表示について.
　　https://www.caa.go.jp/policies/policy/representation/household_goods/
　　guide/fiber/fiber_show.html（2023年9月30日）
6）日本防炎協会. https://www.jfra.or.jp/（2023年9月30日）
7）経済産業省：その服，「カワイイ」だけで選んでませんか？
　　https://www.meti.go.jp/main/60sec/2016/pdf/20160209001a.pdf（2023年9月
　　30日）
8）小川安朗：日本の風土と衣料の変遷，繊消誌，1979；20(9)；370-376.
9）平良美恵子（芭蕉布織物工房）監修：大倉集古館図録 芭蕉布 人間国宝・平良
　　敏子と喜如嘉の手仕事，オフィス・イーヨー，2022.
10）Nomura, Y. et al.：Characterization of Basho-fu Material from Traditional
　　Degumming Process. *J. Fiber Sci. Technol*., 2017；73(11)；317-326.
11）日本海運広報協会：日本の海運 SHIPPING NOW 2022-2023，2023.
12）総務省統計局：家計調査・家計収支編，2005-2021資料.
13）総務省：令和3年情報通信白書，2021, p.155.
14）総務省統計局：和服に関する支出—家計調査結果（二人以上の世帯）より—,
　　家計ミニトピックス，2020.
15）多屋淑子：国際宇宙ステーションの船内服開発と地上への展開. 繊維学会誌（繊
　　維と工業），2010；66(10)；330-334.
16）エレン・マッカーサー財団：新しいテキスタイル経済 ファッションの未来の再
　　設計，2017.
17）環境省：日本総合研究所「環境省　令和2年度ファッションと環境に関する調
　　査業務—「ファッションと環境」調査結果—」，2020.
　　https://www.env.go.jp/policy/pdf/st_fashion_and_environment_r2gaiyo.pdf
　　（2023年9月30日）

第13章　食　生　活

　わが国では，1990年代に1世帯当たりの人数が3人未満となった。以前は男性が働き女性は専業主婦というような性別役割分業世帯が多かったが，現在は共働き世帯の方が圧倒的に多い。そのため，家庭機能が変化し，食生活の社会化も進んでいる。また，1970年代に日本人のエネルギー摂取量は最高となり，それ以降はゆるやかに低下し続けているが，生活習慣病の患者数は減少していない。本章では，食生活の現状とその役割を整理し，私たちが健康で自立した生活を送るために望ましい食生活のあり方を述べる。

１ 食の社会化

（１）生活の社会化

　1945（昭和20）年，第二次世界大戦で敗戦した日本では，経済成長が1973（昭和48）年まで続いた。地方から都市に集まってきた若者が経済成長を支え，この若者らが築いた家族の多くは核家族という形態をなしてきた。核家族化は戦前まで続いていた「家」制度下での家族とは異なるライフスタイルであった。さらに，近代家族のライフスタイルによって，かつての村落共同体社会ではあたり前であった親族や近隣との交際は徐々に後退していった。また，経済成長は，所得の増加による物質的豊かさをもたらし，衣分野では，既製服の購入の増加やクリーニング店の利用，住の分野では，個人の空間の増大，食の分野では，食べ物の商品化やサービス化などの食の外部化が進み，そして冷蔵庫や電子レンジなどの家電製品が生活を支え，必要なときに必要なものが簡単に取得できるようになっていった（表13-1）。

（２）食生活の社会化

　食事は，家庭内食事（内食）と家庭外食事（外食）があり，家庭内食事では，素材から調理をする場合と，調理食品を利用する場合があり，後者を中食とい

表13-1　食生活の変遷

西暦(年)	1945	1955	1965	1975	1985	1995
年号(年)	昭和20	昭和30	昭和40	昭和50	昭和60	平成7
食志向	満腹	栄養の充足　洋風化	嗜好性　簡便化	安全性　高級化	国際化	健康　個食化
食事	家族内食事（共食家族食）			家庭外食事（孤食・個食）・中食		
食品開発	インスタントラーメン	冷凍食品　インスタントコーヒー　清涼飲料	レトルト食品　カップ麺　缶入りコーヒー　ファストフード　コピー食品	素材缶詰　スポーツ飲料　凍結乾燥食品　エクストルージョン	食品（製菓・製パン・水産加工他）　スプレー食品　電子レンジ食品　高圧利用食品　特定保健用食品　ダイエット食品	
食品の販売		量販店（スーパー）　自販機	コンビニエンスストア　ファミリーレストラン　ドライブスルー	持ち帰り弁当　食材料宅配サービス　グルメツアー　スペシャリティレストラン	自然食品店　薬膳料理店	出張料理サービス
家庭用料理関係機器（設備）		電気冷蔵庫　トースター	炊飯器　電子レンジ	冷凍庫付大型冷蔵庫　食品乾燥機　システムキッチン　ホットプレート　グリルパン　電磁調理器　電器乾燥機		

出典）福田靖子編著：食生活論，朝倉書店，1994，p.51.

う。2019（令和元）年の中食は，2010（平成22）年に比べて27.2％増えている[1]。これは核家族化，共働き世帯，高齢者の増加などにより，食の簡便化が求められているためであるが，市販弁当は野菜が少なく，食塩は1日当たりの食塩摂取基準値（日本人の食事摂取基準2020年版）の3分の1（1日3食として）と比較すると1〜2倍程度であることが報告されている[1]。外食に要する支出額は，2020（令和2）年，2021（令和3）年はコロナ禍の影響により減少したが，調理済食品や冷凍食品に要する支出額は年々増加している（図13-1）。中食や外食は，食物の原料（原形），素材のもつ味，栄養価がわかりにくく，味の画一化，食品の安全性への不安，食事を大切にする気持ちの希薄，家庭の味を通した人間性形成の困難さ，などが課題としてあげられる。

（3）団らんの個人化

「平成29年度食育白書」[2]では，朝食または夕食を家族と一緒に食べる「共

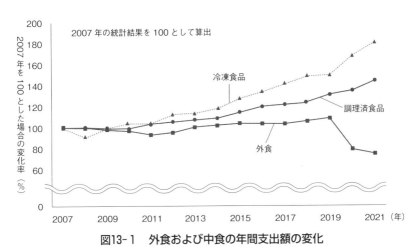

図13-1　外食および中食の年間支出額の変化

出典）総務省統計局：家計調査より筆者作成. https://www.stat.go.jp/data/kakei/

食」の頻度について，「ほとんど毎日」と回答した場合は，20歳代が最も低く（朝食37.7％，夕食57.4％），家族と一緒に食事をすることが困難な理由として90％の人が仕事の忙しさをあげている。一方では，共食のよさとして家族とのコミュニケーション，楽しく食事をとることができる，規則正しい時間に食べることができる，栄養バランスのよい食事を食べることができる，などをあげ，共食のよさを理解している。しかし，一人で食べる「孤食」は増加し，共食でも食事内容はばらばらという「個食」が家庭でもみられる。

　この要因の一つとして，惣菜などの調理済み食品の普及があげられる。個々が好きなものを食べる「個食」は「孤食」につながりやすく，食の知識や経験が不足している場合には，栄養の偏りを引き起こす。また，共食を通して，家族内での自分の役割を認識し，他の人への気遣いの心構えを養うことも大切である。

2 食のさまざまな機能と役割

（1）食の生理的機能

1）栄養と栄養素
人が生きるためには常にエネルギーが必要である。しかし，体内でゼロから

エネルギーを生み出すことは不可能であり，エネルギーを大量に貯蔵することもできない。そのため，エネルギーを供給するために必要な成分を食物として体内に取り入れ，細胞内で分解することによってこれらがもつエネルギーを取り出し利用するのである。食物に含まれる成分は，体の構成成分としても利用される。このような生命維持のために必要な一連の営みを栄養といい，そのために必要な成分を栄養素という。

　栄養素には炭水化物，脂質，たんぱく質，無機質（ミネラル），ビタミンがあり，これらを五大栄養素という。また，このうちエネルギー源となる炭水化物，脂質，たんぱく質を三大栄養素，またはエネルギー産生栄養素という。

2）栄養素のはたらき

①　炭　水　化　物

　炭水化物という言葉は，一般式 $C_m(H_2O)_n$ に由来している。炭水化物の中で特にエネルギー源になりやすいでんぷんやぶどう糖，しょ糖などを糖質といい，エネルギー源になりにくい食物繊維と区別する場合が多い（表13-2）。糖質はエネルギー源として利用され，食物繊維は腸内環境を改善して便通をよくしたり，脂質の吸収を抑制したりする効果がある。

②　脂　　　質

　脂質は水に溶けにくい成分を指す言葉で，食物に含まれる脂質は主に中性脂肪，リン脂質，コレステロールである。中性脂肪の主成分は脂肪酸であり，構造内に二重結合をもつ不飽和脂肪酸と，二重結合をもたない飽和脂肪酸がある（表13-3）。不飽和脂肪酸は二重結合の数によって一価不飽和脂肪酸と多価不飽和脂肪酸に分けられる。脂肪酸は体内でエネルギー源として利用されるほか，炎症反応などに関与する生理活性物質の材料としても利用される。リン脂質やコレステロールは細胞膜の成分であり，コレステロールはホルモンやビタミンＤの材料としても重要である。

③　たんぱく質

　たんぱく質は20種類のアミノ酸が鎖状につながったものである。20種類のうち9種類は体内で合成することができない必須アミノ酸（不可欠アミノ酸）である（表13-4）。たんぱく質はアミノ酸に分解されて吸収され，筋肉や骨のた

表13-2　炭水化物の種類

分　類		種　類	含まれる食品
糖　質	単糖類	ぶどう糖	くだもの，ジュース
		果　糖	くだもの，ジュース，はちみつ
	二糖類	麦芽糖	麦芽，水あめ
		しょ糖	菓子類，さとうきび
		乳　糖	牛乳，乳製品
	多糖類	でんぷん	穀類，いも類
食物繊維	水溶性	ペクチン	くだもの，野菜
		グルコマンナン	こんにゃく
		アルギン酸	海藻
	不溶性	セルロース	植物性食品
		キチン	えびやかにの殻

表13-3　脂肪酸の種類

分　類		炭素数	二重結合の数	名　称　※は必須脂肪酸	多く含む食品
飽和脂肪酸		18	0	ステアリン酸	牛肉，豚肉
一価不飽和脂肪酸		18	1	オレイン酸	マーガリン，オリーブ油
多価不飽和脂肪酸	n−6系	18	2	リノール酸※	コーン油，大豆油
		20	4	アラキドン酸※	卵黄
	n−3系	18	3	α−リノレン酸※	あまに油
		20	5	エイコサペンタエン酸（EPA）	魚油
		22	6	ドコサヘキサエン酸（DHA）	魚油

んぱく質の合成材料として使われる。

④　無機質（ミネラル）

　無機質は，摂取量が多い多量ミネラルと，少ない微量ミネラルに分けられる（表13-5）。多量ミネラルのカルシウム，マグネシウム，リンは骨や歯の構成成分であり，ナトリウムとカリウムは細胞の浸透圧の維持に必要である。微量ミネラルの鉄は血液中のヘモグロビンや筋肉中のミオグロビンの成分として酸

表13-4　アミノ酸の種類

必須アミノ酸	非必須アミノ酸
ヒスチジン	アルギニン
イソロイシン	グリシン
ロイシン	アラニン
リシン	セリン
メチオニン	システイン
フェニルアラニン	チロシン
トレオニン	アスパラギン
トリプトファン	アスパラギン酸
バリン	グルタミン
	グルタミン酸
	プロリン

表13-5　無機質の種類

分　類	種　類	主な働き	多く含む食品
多量ミネラル	カルシウム	骨や歯をつくる	牛乳, 乳製品, 小魚
	マグネシウム		海藻類, ココア
	リ　ン		加工食品
	ナトリウム	浸透圧などのバランスを保つ	食塩, 調味料
	カリウム		じゃがいも, 野菜
微量ミネラル	鉄	赤血球や筋肉の酸素の利用を助ける	レバー, 赤身の肉
	亜　鉛	酵素の働きを助ける	レバー, 貝類
	ヨウ素	甲状腺ホルモンをつくる	海藻類

表13-6　ビタミンの種類

分　類	種　類	主な働き	多く含む食品
脂溶性ビタミン	ビタミン A	視覚を調節する, 成長を助ける	レバー, 緑黄色野菜
	ビタミン D	骨を強くする	さけ, さんまなどの魚類
	ビタミン E	からだを酸化から守る	植物油
	ビタミン K	血液を固まりやすくする	納豆, 緑色野菜
水溶性ビタミン（水溶性ビタミンには, ほかにビオチンとパントテン酸がある）	ビタミン B_1	糖質の分解を助けてエネルギーをつくりやすくする	豚肉, うなぎ
	ビタミン B_2	糖質や脂質の分解を助けてエネルギーをつくりやすくする	レバー, うなぎ
	ナイアシン		まぐろ, かつおなどの魚類
	ビタミン B_6	アミノ酸の合成と分解を助ける	まぐろ, かつおなどの魚類
	ビタミン B_{12}	正常な赤血球をつくるのを助ける	貝類, レバー
	葉　酸		緑黄色野菜, レバー
	ビタミン C	からだを酸化から守る	野菜, くだもの

素の利用を助けており，ヨウ素は甲状腺ホルモンの成分である。

⑤　ビタミン

　ビタミンは，脂溶性ビタミンと水溶性ビタミンに分けられる（表13-6）。脂溶性ビタミンにはビタミンA，D，E，Kが，水溶性ビタミンにはビタミンB

群とCがある。ビタミンDは
特に若い世代の魚離れによっ
て，また，水溶性ビタミンは排
泄されやすいために，それぞれ
不足しやすい。

3）食と健康

① 栄養素の摂取状況と疾病

過去約30年間で，エネルギー
摂取量と炭水化物，たんぱく
質，カルシウム，食塩，鉄，ビ
タミンCなどの摂取量が減少
し，脂質がやや増加した（図
13-2）[3]。たんぱく質やカルシ
ウムは筋肉量や骨量を維持する
ために必要であり，十分に摂取

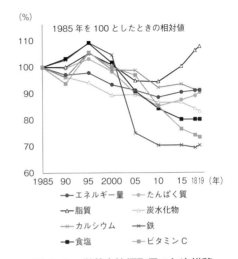

図13-2　栄養素等摂取量の年次推移

出典）厚生労働省：令和元年国民健康・栄養調査，
　　　付録1 p.2. より筆者作成.

することがサルコペニアやフレイル（第3章，p.28参照）の予防につながる。
カルシウムの摂取量が少ないと骨折発生率が上昇する。脂質摂取量を制限する
と肥満度が改善するため，メタボリックシンドロームの発症リスクが下がるこ
とが期待される。食塩摂取量が多いと高血圧のリスクが高まるが，2019（令和
元）年の食塩摂取量は9.7 g/日であり[3]，WHO（世界保健機関）の推奨値5 g
未満に比べるとまだ多い。鉄は，特に成長期や月経のある女性の貧血予防のた
めに，十分に摂取する必要がある。

② 生体リズムと食事

体の中で起こっているさまざまな代謝反応は，時計遺伝子によって生み出さ
れる約24時間のサーカディアンリズム（概日リズム）によって調節されている。
このサーカディアンリズムは24〜25時間の間で個人差があり，光や食物の摂取
によってリズムのずれが補正される。したがって，毎日ほぼ決まった時間に起
床して日光に当たったり朝食をとったりする規則正しい生活習慣を身につける
ことが，生体リズムを整える上で重要である。

（2）食品の安全性

1）食　中　毒

　食中毒は，細菌やウイルス*¹による微生物性食中毒，自然毒食中毒，化学性食中毒に分けられる。食中毒の患者数では微生物性食中毒が多くを占めており，細菌では病原大腸菌とウエルシュ菌が多く，ウイルスではノロウイルスがほとんどである。（図13-3）。細菌による食中毒は，食品中で増殖した細菌あるいはそれらが産生した毒素を摂取することによって起こるため，食中毒予防の3原則を守って衛生管理を行う（図13-4）。

2）食品添加物

　食品添加物は，食品衛生法で指定されている。食品の保存性などの品質向上を目的に加工食品に添加される物質で，発がん性試験などにより安全性が確認され，成分規格，使用基準，表示基準が定められている。

3）遺伝子組換え食品・ゲノム編集食品

　遺伝子組換え技術を用いて，他の生物の遺伝子を別の生物（作物）の遺伝子に組み込んだり（遺伝子組換え食品），人工的に突然変異を起こしたりして（ゲノム編集食品），作物の収穫量を増やしたり食品に付加価値を付けたりしている。遺伝子組換え作物を原料とする食品には，表示の義務があるものもある（大豆，とうもろこし，じゃがいも，なたね，綿実，アルファルファ，てん菜，パパイヤ，からしなの9品目，2023年10月現在）。

（3）食に関する国の主な施策

1）日本人の食事摂取基準

　「日本人の食事摂取基準」は，健康増進法に基づき，国民の健康の保持・増進を図る上で摂取することが望ましいエネルギーおよび栄養素の量の基準を定めるものである[4]。摂取基準を策定する科学的根拠のある栄養素については推奨量が，根拠がない栄養素については目安量が定められており，生活習慣病予

---

*1　細菌とウイルスの違い：細菌は，細胞内に核をもたず細胞質基質中に染色体が存在する原核生物である。ウイルスは，遺伝物質とたんぱく質などからなる生物とも無生物ともいえない存在である。細胞構造をもたず代謝も行わないため，それ自体では増殖できず，他の細胞に侵入して増殖する。

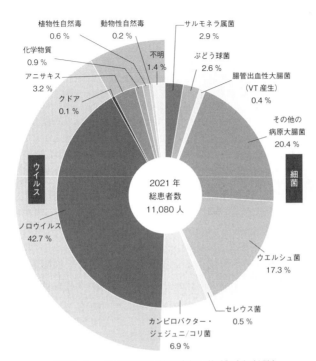

植物性自然毒 0.6 %
動物性自然毒 0.2 %
サルモネラ属菌 2.9 %
不明 1.4 %
ぶどう球菌 2.6 %
化学物質 0.9 %
腸管出血性大腸菌（VT 産生）0.4 %
アニサキス 3.2 %
クドア 0.1 %
その他の病原大腸菌 20.4 %
ウイルス
細菌
ノロウイルス 42.7 %
2021 年 総患者数 11,080 人
ウエルシュ菌 17.3 %
セレウス菌 0.5 %
カンピロバクター・ジェジュニ/コリ菌 6.9 %

図13-3　食中毒発生状況(病因物質別患者数)

出典）政府広報オンライン，https://www.gov-online.go.jp/featured/201106_02/〔2023年 7 月〕.

付けない
・手洗い
・器具の洗浄，消毒

増やさない
・適切な温度での保管
・調理後は速やかに食べる

やっつける
・加熱殺菌

図13-4　食中毒予防の 3 原則

出典）厚生労働省 HP「食中毒」を参考に作図.

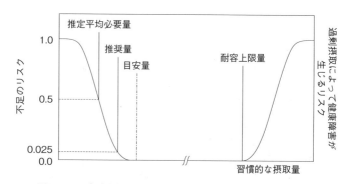

図13-5 食事摂取基準の各指標を理解するための概念図

出典）厚生労働省：日本人の食事摂取基準（2020年版），2019，p.7.

防のための目標量が定められている栄養素もある。また，推奨量を求める根拠となる推定平均必要量（集団の半数の人の必要量を満たす摂取量）や，習慣的な摂取量の上限である耐容上限量も定められている（図13-5）。

2）食生活指針と食事バランスガイド

国民が健康で豊かな食生活を送るために，2000（平成12）年（2016（平成28）年一部改正）に食生活指針[5]（p.176参照）が，2005（平成17）年に食事バランスガイド（図13-6）[6]が定められた。食事バランスガイドは1日当たりの食事量の参考として，食事の望ましい組み合わせとおおよその量を示したものである。年齢や性別，活動量によって調整して適量を求める。

（4）食文化の継承

日本は東アジアモンスーン地帯に属するため，四季があり，温暖多湿で，山地も多く，海に囲まれ，よい漁場ときれいな水に恵まれている。このような環境であるために，農産物，きのこ類，魚介類，藻類など新鮮で豊富な食材の入手が可能である。

鎌倉時代には中国で修行をした禅僧により，茶，砂糖，牛乳などの食べ物，料理法，食事形式などが日本にもち込まれた。安土桃山時代にはポルトガル，オランダ，スペインなどとの交流が盛んになったため，海外から食品，料理，菓子などが入ってきた。日本の食は外国との交流を通してその国の食文化の影

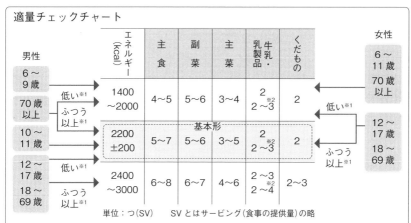

適量チェックチャート

エネルギー(kcal)	主食	副菜	主菜	牛乳・乳製品	くだもの
1400〜2000	4〜5	5〜6	3〜4	2　2〜3 ※2	2
基本形 2200±200	5〜7	5〜6	3〜5	2　2〜3 ※2	2
2400〜3000	6〜8	6〜7	4〜6	2〜3　2〜4 ※2	2〜3

男性
- 6〜9歳
- 70歳以上　低い※1
- ふつう以上※1
- 10〜11歳
- 12〜17歳　低い※1
- 18〜69歳　ふつう以上※1

女性
- 6〜11歳
- 70歳以上
- 低い※1
- 12〜17歳
- 18〜69歳
- ふつう以上※1

単位：つ(SV)　SV とはサービング（食事の提供量）の略

※1 身体活動量の見方
　「低い」：1日中座っていることがほとんどの人　「ふつう以上」：「低い」に該当しない人
※2 学校給食を含めた子ども向け摂取目安について成長期に特に必要なカルシウムを十分にとるために
　も，牛乳・乳製品の適量は少し幅を持たせて1日2〜3つ（SV），「基本形」よりもエネルギー量が
　多い場合では，4つ（SV）程度までを目安にするのが適当である。

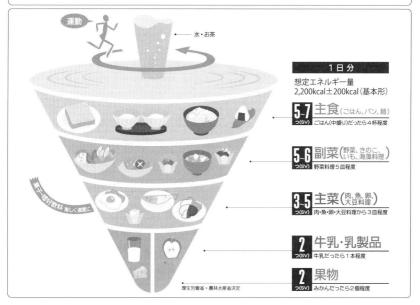

図13-6　食事バランスガイド

出典）農林水産省 HP より作図.

響だけでなく，仏教・儒教など宗教の影響も受け，肉食がタブーな時代もあった。このような自然条件や社会的条件から次のような伝統的な日本食が生み出された。

1）主食と副食（おかず）の分離

　米などの穀類を主食とし，魚介類，大豆，卵などを用いた副食を主菜，野菜類，いも類，藻類などを用いた副食を副菜とした。一般的な食膳形式として一汁三菜〔主食，汁物，3種類の副食（主菜1，副菜2）〕の栄養的にバランスがよい献立が生まれた。

2）発酵食品の発達

　海水から塩をとり，食品に食塩を加えて発酵させた醤が発明された。穀類や豆類を原料とした穀醤は味噌や醤油の原点であり，日本食の調味料として広く活用されている。漬物，酢，酒，かつお節なども発酵を利用した食材である。かつお節のほか，昆布，煮干し，しいたけなどのうま味を活用した「だし」は，日本食のベースとなっている。

3）日常食と行事食

　日常食（ケの日の食事）は質素であることを優先し，地域で入手できる食材を利用した料理が食卓に並び，現在ではこの料理が各地方の伝統食として伝承されてきている。

　年中行事と関係する行事食（ハレの日の食事）（表13-7）は日々，食べることができない食材を献立に加えたりして，不足する栄養を補ったり，食卓を楽しくする工夫がされてきた。

（5）精神的役割と社会的役割

1）精神的役割

　社会において人間は一人で生きることはできないために集団（コミュニティ）を形成してきた。原始時代では集団に属することは食の配分にあずかることであり，高齢者や子どもでも食の機会を得ることができた。そのためには集団のルールを守る必要があった。また，食事を通して他の集団に属する人との友誼を示した。食は健康を維持するだけでなく，楽しく食事をすることで人間関係を深める役割も果たす。また，社会においては自分以外の人間との価値観や意

表13-7　行事と風習・食べ物

	五節句	行　事	日にち・時期	願い，謂れ
1月		正　月	1月1日	幸せや豊作をもたらす「歳神様（としがみさま）」を迎える祝いの行事。**鏡もち**を供え，お供えとしてつくられた**お節料理**や**雑煮**を頂きます。
	○	人日の節句（じんじつ）	1月7日	七種類の若菜が入った**七草がゆ**を食べ，無病息災を願う行事。「人日」の由来は，古代中国の年中行事を記した書物によると「人を占う日」。
		鏡開き	1月11日	正月に歳神様にお供えした鏡もちをおろし，健康を祈り，**汁粉**や**ぜんざい**にして頂く日です。神様は刃物を嫌うため，包丁を使わず，木づちなどで割ります。
		小正月（こしょうがつ）	1月15日	月の満ち欠けで日を数えていた旧暦では，満月の日から次の満月までが1ヵ月。1月15日は一年の最初の満月ということで「小正月」と呼ばれます。**小豆がゆ**を頂きます。
2月		節　分（せつぶん）	2月3日ごろ	立春の前日で，季節の分かれ目の日。昔は立春から一年が始まるとされていたことが由来。豆まきの豆には，悪霊を退ける力があると考えられていました。福豆を歳の数だけ食べます。
		初　午（はつうま）	2月最初の午の日	稲の実りを約束してくれる神様，お稲荷さんの祭りで，全国各地の稲荷神社で豊作や商売繁盛を祈願します。使者であるキツネの好物，**油揚げ**や**いなり寿司**を供える風習もあります。
3月	○	上巳の節句（じょうし）	3月3日	3月最初の巳の日。「桃の節句」「ひな祭り」として知られています。邪気を祓う桃の花やひな飾りを飾り，**ちらし寿司**や**まぐりの潮汁**（うしおじる）などで女の子の成長を祝います。
		彼岸・春分の日（ひがん）	3月21日ごろ	昼と夜の時間が等分になる「春分の日」の前後7日間。墓参りや仏壇の掃除をして，仏前に**ぼたもち**などを供えます。
4月		花　見	桜開花のころ	桜は「田の神様が宿る木」。桜の花が咲くと，その年の豊作を願って宴を催したのが始まりです。**花見団子**などを頂きます。
5月		八十八夜	5月2日ごろ	立春から八十八日目，**新茶**の季節。この日に新芽を摘み，お茶にして一口飲むと病気にならないといわれました。また，米づくりの始まりの日でもあります。
	○	端午の節句	5月5日	男の子の成長を祝う行事です。菖蒲（しょうぶ）を魔よけにした中国の風習が元になっており，菖蒲湯に入るならわしがあります。**柏もち**や**ちまき**で祝います。
7月	○	七夕の節句	7月7日	中国から伝わった織り姫と彦星の伝説に，日本の伝説や旧暦の盆が加わって現代の七夕祭りになりました。豊作を祈る行事でもあり，天の川に見立てた**そうめん**を食べます。
		土用の丑の日	7月20日ごろ	「土用」とは，四季の変わり目の18日間を指す言葉。年に4回ありますが，夏の土用が最も有名になったのは，夏バテ予防に**うなぎ**を食べる習慣が定着したためです。
9月	○	重陽の節句（ちょうよう）	9月9日	「菊の節句」ともいわれます。菊には強い香りがあるため，邪気を祓う力があり，さらには不老長寿の力を持つとされ，お酒に入れて**菊花酒**を頂きます。
		十五夜	旧暦8月15日	中国の中秋節に由来する「お月見」で新暦の9月ごろ。十五夜の満月には，秋の収穫に感謝の気持ちを込めて，15個の丸い**月見団子**を供えます。これは満月に見立てたものです。
		彼岸・秋分の日	9月23日ごろ	「春分の日」と同じく，昼と夜の時間が等分になる「秋分の日」の前後7日間。春の彼岸と同じように，ご先祖様をしのび，感謝の祈りをささげます。**おはぎ**などを供えます。
10月		十三夜	旧暦9月13日	十五夜と対になる行事で，新暦の10月後半ごろ。「栗名月」「豆名月」とも呼ばれます。十五夜だけのお月見は「片月見」と呼び縁起がよくないとされています。13個の**月見団子**や**栗ご飯**を供えます。
12月		冬　至	12月22日ごろ	二十四節気の一つで，北半球では一年中で昼が最も短くなる日。冬至を過ぎれば人々にも精気が戻ると考えられ，小豆を加えた**かぼちゃの煮もの**などで力をつけ，ゆず湯に入る風習があります。
		大晦日（おおみそか）	12月31日	正月の歳神様を迎える日。大晦日を「年越し」ともいいますが，もともとは正月の準備のこと。家を掃除して清め，神様を迎える準備をします。**年越しそば**を頂きます。

出典）aff，第48巻第12号通巻567号，農林水産省，2017，pp.6-7．より作表．

見の相違などからの避けられない軋轢（あつれき）などがあるが，食事を通しての人間関係修復につながる対人関係能力の学びは重要である。コロナ禍などにおいて一緒に対話をしながら食事をすることへの制限は，人間同士の結びつきの機会を失ってしまうことになり，さまざまな課題を引き起こした。

　思春期女子に多発する摂食障害や，アルコール依存症などは精神的な要因から発症する場合もある。治療として薬物療法や精神心理療法などが行われているが，栄養についての正しい知識をもち，規則正しく，バランスのとれた食生活を習慣化することも治療に有効である。

２）社会的役割

　国内での安定した食料供給は，国内生産を基本とし，輸入や備蓄を組み合わせて行われている。しかし，近年の食卓では，スパゲッティ，ハンバーグといった洋風の料理が日常的に提供され，さらに，おいしさへの要求や食の多様化も進み，消費者は世界中の食文化・食体験を求めるようになってきている。このニーズを満たすために，食材の入手は国内生産ではなく他国からの輸入に依存する「食の国際化」が進んでいる。しかし，世界の食料需要の増加や緊迫した国際情勢，異常気象などによる生産量の減少などから，輸入による食料供給は安定したものとはいいがたい。食料を安定的に供給するためにはできるだけ国内で生産力を上げ，国内産の食料の利用が重要となる。外国でしか生産されないものや，牛肉のように海外の方が国産よりも安価なものもあるが，これらの食材には日本で使用が許可されていない農薬や飼料などの使用についての不安もある。

　日本における国内生産・消費状況については，品目別の国内生産量を国内消費量に対する割合から算出する食料自給率からみることができる（**表13-8**）[7]。2022（令和4）年度（概算値）では，米の食料自給率は99%と高いが，パン，パスタ，中華麺，菓子などに使われる小麦は15%と非常に低く，納豆，豆腐，大豆油の原料となる大豆は6%とさらに低い状況である。

　米飯を主食とした和風献立の食料自給率は，パンを主食とした洋風献立に比べて全体的に高いが，和風の料理でも輸入に依存している食材が使用されていることがわかる（**図13-7**）。しかし，小麦や大豆も品種開発の成果や作付面積

表13-8　食料自給率の推移　　　　　　　　　（%）

品　目	1965 （昭和40）年度	1995 （平成7）年度	2015 （平成27）年度	2022 （令和4）年度
米	95	104	98	99
小　麦	28	7	15	15
大麦・はだか麦	73	8	9	12
いも類	100	87	76	70
大　豆	11	2	7	6
野　菜	100	85	80	79
果　実	90	49	41	39
肉　類	90（42）	57（8）	54（9）	53（8）
鶏　卵	100（31）	96（10）	96（13）	97（13）
牛乳・乳製品	86（63）	72（32）	62（27）	62（27）
魚介類	100	57	55	54
海藻類	88	68	70	67
砂糖類	31	31	33	34
油脂類	31	15	12	14
きのこ類	115	78	88	89

（　）については飼料自給率を考慮した値。

出典）農林水産省：食料需給表　令和4年度, 2023.

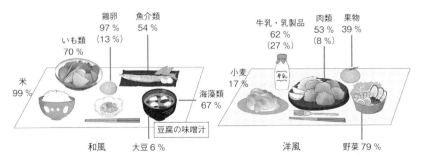

図13-7　和風と洋風献立の食材の食料自給率（　）は飼料自給率を考慮した値

参考）農林水産省：食料需給表　令和4年度, 2023.

の拡大などにより，国産小麦を使用したパンなども店頭に並ぶようになっている。近年では地域の風土に適した農産物が作られ，消費されるようになってきたが，都道府県によって食料自給率には大きな違いがあり，極端に低いところも存在する。消費者は地域の食材を積極的に活用していく地産地消の姿勢が必要である。そのためには，以下のような循環が有効と考えられる。生産者は取り組みの姿勢や食材の情報を仲買人や消費者に発信し，仲買人はその情報を消費者が理解しやすいように販売時に説明，消費者は地域特産物の特性や生産者の姿勢を理解し，積極的に地域の食材を購入して料理に活用する。さらに，地域の食材を使用した消費者は，食材の感想をSNSなどで他の消費者，仲買人，生産者に発信していくという食の連携を形成し，実践することで，食料自給率は上がり，地域の活性化につながる。

3 持続可能なこれからの食生活のために

ここまで食のさまざまな機能と役割について学んできた。これらを踏まえ，健康で豊かな食生活を持続可能なものとするために，どのように行動していけばよいのかを考えてみよう。

（1）食育の推進

日本では，栄養の偏り，不規則な食事，肥満や生活習慣病の増加，過度の痩身志向，「食」の安全上の問題，「食」の海外への依存，伝統的食文化の喪失などの問題を背景に，2005（平成17）年に食育基本法が制定され，健全な食生活を実現することができる人間を育てることを目的とし，家庭，学校，保育所，地域等を中心に，国民運動として，食育が推進されている。学校教育では2008（平成20）年以降の学習指導要領改訂から，小・中・高等学校等で「学校における食育の推進」が位置づけられ，学校教育活動全体を通じて食育が組織的・計画的に行われている[8]。栄養教諭（2005年に栄養教諭制度を創設）の配置も進められており，学校給食を活用した食に関する指導が実施されている。一方，国民向けに望ましい食生活のあり方を示した「食生活指針」は2000（平成12）年に策定され，2016（平成28）年に一部改定されている。また，これを具体的な行動に結びつけるものとして「食事バランスガイド」（図13-6）[6]が2005（平

成17）年に示されるなど，食育のさまざまな取り組みが行われている。

　実際に国民の食への関心がどの程度高まっているのかを20歳以上の男女を対象とした調査結果[9]から確認をしてみると，食育に関心がある人の割合は，2005（平成17）年，2013（平成25）年，2022（令和4）年で，それぞれ69.8％，74.6％，78.9％と少しずつ増加している。しかし，「食生活指針」と「食事バランスガイド」の認知度（内容も含めて知っている人（20～69歳男女）の割合）は6.9％と22.9％と非常に低い[10]。

　ここで，「食生活指針」の内容を確認してみよう。図13-8に示すように健全な食生活をどう楽しむかを考え，食生活を実践して振り返り，さらに改善しながら実践を積み重ねていくことが求められている。②から⑨の内容をみてみると，健康寿命の延伸とともに，食料の生産から消費までの食の循環を意識し，

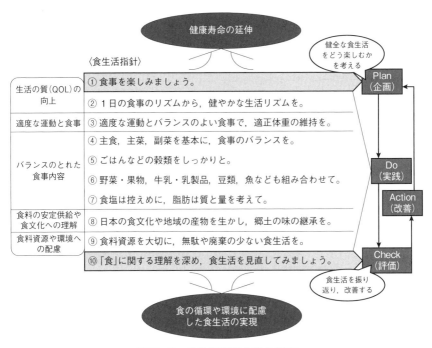

図13-8　食生活指針全体の構成

出典）文部科学省・厚生労働省・農林水産省：食生活指針の解説要領，2016，p.7.

食品ロス（本来食べられるのに廃棄されている食品）の削減など環境に配慮した食生活の実現を目指すことが重要であることがわかる。

（2）フード・マイレージと食品ロス

　前項では品目別の食料自給率（重量ベース）を示したが（表13-8），食料全体の自給率を示す場合，一般的には食品の栄養価であるエネルギーに着目したカロリーベースの総合食料自給率が用いられる。

　日本の総合食料自給率は2022（令和4）年度で38％である[7]。つまり約6割の食料を輸入に頼っており，そのことによる環境への影響を示す指標の一つとしてフード・マイレージ（図13-9）がある。食品の輸送量に輸送距離を乗じた数値で示され，数値が大きいほど輸送のためにエネルギーを必要とし，それによって二酸化炭素の排出量が増え，環境への負荷が大きくなることを意味している。2001（平成13）年以降，日本のフード・マイレージの数値は減少傾向にあるが，いまだ他国よりも顕著に数値が大きいことがわかる。このことから，「地産地消」は，食料の安定供給という視点に加え，環境負荷の少ない食品を選択するという点でも重視されている。

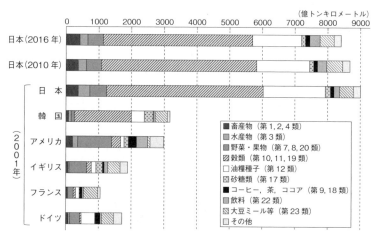

図13-9　各国のフード・マイレージの比較（総量，品目別）
出典）ウェブサイト「フード・マイレージ資料室」，https://food-mileage.jp/ より作図.

　次に食品ロスの現状を確認したい。2021（令和3）年度の推計によると家庭から排出される食品ロスの発生量は244万 t であり，国民1人当たりの食品ロス量は1日約114 g と推算されている。その内訳は，食べ残し43 %，賞味期限切れ等で未開封食品の直接廃棄が43 %，調理時に皮の厚むきなど，過剰除去が14 %と報告されている[11]。廃棄された食品のほとんどが焼却処分され，その際に二酸化炭素が排出される。流通後の食品の扱いにおいても，環境に影響を与えていることを意識し，食事や食品の購入・調理・保管等における行動の仕方を見直し改善する必要がある。

（3）情報の選択

　上記以外にも現在の食生活の課題を示すさまざまなデータがインターネット上で公表されている。また，環境に配慮した生活に関する取り組み例やそのための資料や教材などが，農林水産省や消費者庁，環境省などのホームページから利用できるようになっている。ただし，食に関する知見や状況は変化する。生活者一人一人が，常に食育に関心をもち，学校教育を終え社会人になってからも，健康の保持・増進とともに，環境への影響を意識しながら，さまざまな情報の中から正しい情報を選択し，自分の食生活を管理できるようになることが求められている。

■引用・参考文献
1）白井斗京・髙根孝次：中食，外食市場の動向と課題．ファイナンス，通巻670号，財務省，2021，pp.70-71.
2）農林水産省：平成29年度食育白書，2017.
　　https://www.maff.go.jp/j/syokuiku/wpaper/h29/h29_h/book/part1/chap1/b1_c1_1_02.html（2023年4月24日）
3）厚生労働省：国民健康・栄養調査報告．
　　https://www.mhlw.go.jp/bunya/kenkou_eiyou_chousa.html（2023年10月3日）
4）厚生労働省：日本人の食事摂取基準（2020年版），2019.
　　https://www.mhlw.go.jp/content/10904750/000586553.pdf（2023年10月3日）
5）農林水産省：食生活指針（平成28年6月一部改正）.

https://www.maff.go.jp/j/syokuiku/shishinn.html（2023年10月 3 日）
6 ）農林水産省：「食事バランスガイド」について.
https://www.maff.go.jp/j/balance_guide/（2023年10月 3 日）
7 ）農林水産省：令和 4 年度食料需給表（概算），2023.
https://www.maff.go.jp/j/zyukyu/fbs/（2023年 8 月24日）
8 ）文部科学省：食に関する指導の手引—第二次改訂版—（平成31年 3 月）.
https://www.mext.go.jp/a_menu/sports/syokuiku/1292952.htm（2023年10月 1 日）
9 ）農林水産省：食育に関する意識調査.
https://www.maff.go.jp/j/syokuiku/ishiki.html（2023年10月 1 日）
10）農林水産省：食生活及び農林漁業体験に関する調査（令和元年度），2020.
https://www.maff.go.jp/j/syokuiku/taiken_tyosa/r01/pdf/r01_taiken_tyosa.pdf（2023年10月 1 日）
11）環境省：我が国の食品ロスの発生量の推計値（令和 3 年度）別添「発生要因の内訳」，2023.
https://www.env.go.jp/content/000138776.pdf（2023年10月 1 日）

索　引

執筆者・執筆担当

【編　者】

持続可能な生活研究会

阿部栄子，池田彩子，小川宣子※，工藤由貴子※，重川純子，守隨　香，
杉山久仁子※，鈴木惠美子，多屋淑子※，都築和代，宮野道雄※　※責任編集

【著　者】(五十音順) (執筆分担)

阿部　栄子	大妻女子大学家政学部教授	第12章
池田　彩子	名古屋学芸大学管理栄養学部教授	第13章
石原　健吾	龍谷大学農学部教授	第3章
大石　美佳	鎌倉女子大学家政学部教授	第6章
小川　宣子	中部大学応用生物学部客員教授	第13章
小倉　育代	大阪教育大学教育学部非常勤講師	第9章
金澤　伸浩	秋田県立大学 システム科学技術学部准教授	第4章
工藤由貴子	和洋女子大学総合研究機構 家庭科教育研究所特別研究員	第2章
熊谷　優子	和洋女子大学家政学部教授	第4章
佐藤裕紀子	茨城大学教育学部教授	第8章
重川　純子	埼玉大学教育学部教授	第10章
守隨　香	共立女子大学家政学部教授	第7章
杉山久仁子	横浜国立大学教育学部教授	第1章，第13章
鈴木惠美子	お茶の水女子大学名誉教授	第13章
高松　淳	Sr Research Scientist, Microsoft	第9章
多屋　淑子	日本女子大学名誉教授	第12章
都築　和代	関西大学環境都市工学部教授	第11章
南　基泰	中部大学応用生物学部教授	第5章
宮野　道雄	大阪公立大学都市科学・ 防災研究センター特任教授	第11章

持続可能な社会と人の暮らし

2024年（令和6年）2月1日　初版発行

編　者	持続可能な生活 研究会
発行者	筑　紫　和　男
発行所	株式 会社 **建　帛　社** KENPAKUSHA

112-0011　東京都文京区千石4丁目2番15号

TEL　（03）3944-2611
FAX　（03）3946-4377
https://www.kenpakusha.co.jp/

ISBN　978-4-7679-6522-2　C3077
壮光舎印刷／田部井手帳
©持続可能な生活研究会ほか，2024.
（定価はカバーに表示してあります）　　　　　　　Printed in Japan

本書の複製権・翻訳権・上映権・公衆送信権等は株式会社建帛社が保有します。

JCOPY〈出版者著作権管理機構 委託出版物〉

本書の無断複製は著作権法上での例外を除き禁じられています。複製される
場合は，そのつど事前に，出版者著作権管理機構（TEL03-5244-5088，
FAX03-5244-5089，e-mail：info@jcopy.or.jp）の許諾を得て下さい。